"El Neo Progresismo y los Movimientos Woke en la división de la sociedad"

Una crítica general a estos dos movimientos

"El Neo Progresismo y los Movimientos Woke en la división de la sociedad"

Una crítica general a estos dos movimientos

Escrito por: Maximiliano Ovares M.

Índice:
Prólogo
Introducción

PRÓLOGO

En la sociedad contemporánea, dos movimientos ideológicos han emergido como fuerzas influyentes que han dejado una marca indeleble en la política, la cultura y la vida cotidiana. El wokismo y el neo progresismo, surgidos en respuesta a desafíos sociales y económicos, han transformado la forma en que abordamos cuestiones cruciales como la justicia social, la igualdad de género y la diversidad. Sin embargo, a medida que estos movimientos han ganado terreno, también han generado un debate intenso y polarizado sobre sus efectos en la sociedad.

Este libro es un intento de analizar críticamente la influencia del wokismo y el neo progresismo en la sociedad moderna, explorando sus orígenes, sus objetivos, y sus impactos, tanto positivos como negativos. A través de una mirada detallada a lo largo de sus páginas, los lectores encontrarán un análisis exhaustivo de estos movimientos, que han dado forma a la política, la cultura y la forma en que las personas se relacionan entre sí.

Desde sus raíces en el progresismo histórico hasta su expansión global, pasando por su impacto en la educación, el entretenimiento y la política, este libro desglosa los entresijos del wokismo y el neo progresismo. Ofrece una visión equilibrada de su influencia y plantea cuestiones importantes sobre su impacto en la sociedad actual.

A lo largo de estas páginas, los lectores encontrarán una serie de perspectivas críticas y análisis a fondo sobre los movimientos woke y neo progresistas. Si bien estos movimientos han abogado por la inclusión, la diversidad y la justicia social, también han generado controversias sobre su manejo de la libertad de expresión, su contribución a la polarización política y su impacto en la vida cotidiana de las personas.

El propósito de este libro es fomentar el diálogo informado y crítico sobre el wokismo y el neo progresismo, alentando a los lectores a considerar tanto los aspectos positivos como los negativos de estos movimientos y sus implicaciones para la sociedad contemporánea. A través de un análisis riguroso y equilibrado, este libro busca proporcionar una comprensión más profunda de estos movimientos y su papel en la sociedad actual.

A medida que avanzamos en la lectura, invito a los lectores a mantener una mente abierta y crítica. Los desafíos y dilemas planteados por el wokismo y el neo progresismo son temas complejos que merecen una atención cuidadosa y una reflexión profunda. Espero que este libro sirva como una herramienta para comprender mejor estos movimientos y para participar de manera informada en las conversaciones sobre su impacto en la sociedad.

INTRODUCCIÓN

En los últimos años, hemos sido testigos de un cambio cultural significativo que ha sacudido los cimientos de la sociedad moderna. Los movimientos neo progresistas y woke, que en un principio surgieron como reacciones a las desigualdades y las injusticias, han evolucionado de manera inesperada, desencadenando debates intensos y polarizantes.

Este libro se sumerge en el análisis y la crítica de estas tendencias, explorando su impacto en la sociedad contemporánea y cuestionando si su objetivo real es la construcción de un mundo más justo o, como algunos sostienen, la destrucción de la sociedad tal como la conocemos. En un mundo cada vez más conectado, las redes sociales y la difusión instantánea de información han acelerado este fenómeno, dando lugar a un constante flujo de discusiones acaloradas en torno a temas como la justicia social, la equidad de género y la diversidad.

Estos movimientos han ganado seguidores fervientes que abogan por un cambio radical en la estructura social, económica y política, mientras que otros los ven con recelo, temiendo que puedan erosionar valores tradicionales y socavar la estabilidad de nuestras comunidades. En medio de esta agitación cultural, este libro busca arrojar luz sobre las complejidades de estos movimientos, sus raíces históricas, sus objetivos declarados y sus repercusiones reales en la sociedad, fomentando un diálogo constructivo en busca de un entendimiento más profundo de las dinámicas que están dando forma a nuestro mundo actual.

Capítulo 1: Orígenes y Evolución del Neo Progresismo

INTRODUCCIÓN

El surgimiento del neo progresismo es una manifestación de la constante evolución de las ideas políticas y sociales en la sociedad moderna. En este primer capítulo, nos sumergiremos en un análisis profundo de los orígenes y la evolución de este movimiento, que ha surgido como una respuesta a las desigualdades sociales y se ha convertido en una fuerza global de cambio. A medida que exploramos su historia, comprenderemos cómo se ha transformado y cuáles son las influencias que han dado forma a su identidad.

Contenido del Capítulo:

Sección 1: Los Inicios del Progresismo

En este apartado, abordamos los antecedentes del neo progresismo, incluyendo el movimiento progresista histórico que surgió a fines del siglo XIX y principios del siglo XX. Exploraremos cómo los progresistas de la época abogaban por reformas en áreas como la justicia social, los derechos laborales y la igualdad de género, sentando las bases para movimientos posteriores.

Sección 2: La Emergencia del Neo Progresismo

Aquí nos adentraremos en el surgimiento del neo progresismo como respuesta a las desigualdades económicas y sociales de las últimas décadas. Examinares cómo factores como la crisis financiera de 2008 y la creciente conciencia de las disparidades de ingresos influyeron en la aparición de este nuevo movimiento.

Sección 3: Globalización del Neo Progresismo

Analizaremos cómo el neo progresismo se ha internacionalizado y ha adquirido una presencia global. Investigaremos cómo las redes sociales, la conectividad digital y las protestas a nivel mundial han contribuido a su difusión y consolidación como un movimiento influyente en múltiples países.

Sección 4: Las Raíces Intelectuales del Neo Progresismo
Profundizaremos en las ideas y teorías que han fundamentado el neo progresismo, incluyendo conceptos como la justicia social, el feminismo, la igualdad de género, la diversidad y la inclusión. Analizaremos las influencias filosóficas y teóricas que han dado forma a su enfoque.

Sección 5: Evolución de los Objetivos del Neo Progresismo
Exploraremos cómo los objetivos originales del neo progresismo, centrados en la justicia social y la igualdad, han evolucionado con el tiempo para abarcar una gama más amplia de cuestiones, desde la lucha contra el cambio climático hasta la redefinición de las normas culturales y sociales.

Sección 6: Las Críticas al Neo Progresismo
Cerraremos este capítulo examinando algunas de las críticas y preocupaciones que han surgido en torno al neo progresismo, incluyendo cuestionamientos sobre su impacto en la libertad de expresión y la polarización política.

Sección 1: Los Inicios del Progresismo

Los albores del progresismo en el siglo XIX y principios del XX
El progresismo, en su versión histórica, tuvo sus raíces en el contexto del siglo XIX y principios del siglo XX, una época marcada por profundas transformaciones económicas, sociales y políticas. En esta sección, exploraremos con mayor profundidad los antecedentes y las motivaciones que llevaron al surgimiento del movimiento progresista histórico y cómo estas bases sentaron las piedras angulares para movimientos posteriores, incluyendo el neo progresismo contemporáneo.

El Contexto Histórico
A finales del siglo XIX, la Revolución Industrial había trastocado fundamentalmente la vida en Europa y América del Norte. Esta transformación masiva se caracterizó por la mecanización de la producción, la urbanización rápida y el cambio de una economía agraria a una industrial. Sin embargo, este proceso también generó una serie de desafíos y tensiones en la sociedad.

Uno de los desafíos más notables fue el surgimiento de una clase obrera industrial que enfrentaba condiciones laborales precarias. Los trabajadores a menudo se encontraban laborando largas jornadas en fábricas, expuestos a entornos peligrosos y recibiendo salarios bajos. La explotación y la falta de derechos laborales básicos eran comunes.

Los Primeros Progresistas
Frente a estas condiciones, surgieron figuras destacadas que abogaban por la reforma social y política. Entre ellas se encontraba el presidente de los Estados Unidos, Theodore Roosevelt, quien se convirtió en un defensor prominente del progresismo. Roosevelt promovió políticas que buscaban la regulación de las grandes corporaciones, la conservación ambiental y la protección de los derechos del consumidor. Su enfoque en la justicia social y la necesidad de limitar el poder de las empresas se convirtió en una característica distintiva del progresismo histórico.

Justicia Social y Derechos Laborales
Uno de los aspectos más significativos del progresismo en esta época fue su compromiso con la justicia social y los derechos laborales. Los progresistas abogaron activamente por leyes que limitaran las largas jornadas de trabajo, establecieran salarios mínimos y garantizaran condiciones laborales seguras. Además, lucharon contra el trabajo infantil, abogando por su abolición, y promovieron la creación de sindicatos para empoderar a los trabajadores y permitirles negociar en igualdad de condiciones con los empleadores. Estos esfuerzos sentaron las bases para una serie de leyes laborales y regulaciones que hoy en día se dan por sentadas.

Igualdad de Género y Movimiento Feminista
Otro aspecto crucial del progresismo temprano fue su compromiso con la igualdad de género. Las sufragistas, lideradas por figuras como Susan B. Anthony y Elizabeth Cady Stanton, jugaron un papel fundamental en la lucha por el derecho al voto de las mujeres en los Estados Unidos. Estas mujeres y otras activistas abogaron no solo por el sufragio, sino también por la igualdad de género en una sociedad que, en ese momento, limitaba en gran medida el papel de las mujeres en la vida pública y política.

Legado de los Primeros Progresistas
Los esfuerzos de los progresistas de esta época dejaron un legado perdurable. Muchas de las políticas y reformas promovidas por estos reformadores continúan influyendo en la legislación y la política actual. La visión de un mundo más justo, equitativo y progresista que impulsaron sentó las bases para los movimientos posteriores. El neo progresismo contemporáneo, que busca

abordar desigualdades y desafíos similares en una sociedad en constante evolución, encuentra sus raíces en las luchas y los logros de estos primeros progresistas.

Sección 2: La Emergencia del Neo Progresismo

En esta sección, profundizaremos en el surgimiento del neo progresismo como una respuesta a las desigualdades económicas y sociales de las últimas décadas. Exploraremos cómo factores clave, como la crisis financiera de 2008 y la creciente conciencia de las disparidades de ingresos, ejercieron una influencia determinante en la aparición de este nuevo movimiento social y político.

La Crisis Financiera de 2008 como Punto de Inflexión

El punto de partida para entender el surgimiento del neo progresismo se encuentra en la crisis financiera global que estalló en 2008. Esta crisis, que tuvo su origen en el colapso del mercado inmobiliario de los Estados Unidos, se propagó rápidamente a nivel mundial y provocó la peor recesión económica desde la Gran Depresión de la década de 1930. Sus impactos se hicieron sentir en prácticamente todas las economías del mundo, dejando a millones de personas desempleadas y perdiendo sus hogares, y generando una profunda desconfianza en el sistema financiero y en las instituciones económicas.

Esta crisis expuso las debilidades del capitalismo financiero desregulado y sus efectos devastadores sobre la economía real. En su estela, surgió un deseo de cambio y una creciente conciencia de las desigualdades económicas que habían estado gestándose durante décadas. Las personas se sintieron agraviadas por la falta de responsabilidad de las instituciones financieras y la falta de regulaciones que permitieron la especulación y el riesgo excesivo.

El Movimiento Occupy Wall Street

Un acontecimiento emblemático que marcó el surgimiento del neo progresismo fue el movimiento Occupy Wall Street, que comenzó en Nueva York en 2011 y se extendió a otras ciudades de Estados Unidos y del mundo. Este movimiento tomó las calles en señal de protesta contra la codicia y la influencia desmedida de las grandes instituciones financieras en la política y la economía. Su lema "Somos el 99%" encapsulaba la creciente percepción de que una élite económica estaba ejerciendo un control indebido sobre la mayoría de la población.

Los activistas de Occupy Wall Street demandaban justicia económica, la regulación de Wall Street y el fin de las prácticas que habían llevado a la crisis financiera. Aunque el movimiento no generó cambios legislativos inmediatos, sí puso en relieve las crecientes desigualdades y consolidó una narrativa de descontento que perduró en el tiempo.

La Creación de un Espacio para el Neo Progresismo
El desencanto y la conciencia de las desigualdades económicas fomentaron un terreno fértil para la evolución del progresismo histórico hacia el neo progresismo. Este nuevo movimiento reconoció la necesidad de reformas económicas y sociales en respuesta a las crisis financieras y las disparidades de ingresos. Se centró en cuestiones como el aumento del salario mínimo, la protección de los derechos laborales, la reforma del sistema de salud y la regulación de las instituciones financieras.

El surgimiento del neo progresismo también estuvo impulsado por una mayor conectividad digital y el uso de las redes sociales. Estas herramientas permitieron una movilización más rápida y eficaz de activistas y la difusión de mensajes progresistas. Así, el movimiento logró extender su influencia más allá de las fronteras nacionales y convertirse en un fenómeno global.

El Impacto Continuo del Neo Progresismo
El neo progresismo ha dejado una marca indeleble en la política y la sociedad contemporáneas. Ha influenciado debates y políticas en áreas que van desde la igualdad de género hasta la lucha contra el cambio climático. Además, ha fomentado discusiones importantes sobre la regulación financiera y la justicia económica.

En resumen, el surgimiento del neo progresismo como respuesta a las desigualdades económicas y sociales de las últimas décadas es un proceso complejo, influenciado por la crisis financiera de 2008, la conciencia pública de las disparidades de ingresos y la movilización de movimientos como Occupy Wall Street. Este movimiento ha dejado una huella significativa en la política contemporánea y continúa influyendo en la búsqueda de un mundo más justo y equitativo.

Sección 3: Globalización del Neo Progresismo

La globalización del neo progresismo es un fenómeno de profunda importancia en la era contemporánea. Este movimiento, inicialmente arraigado en desafíos locales y nacionales, se ha expandido y consolidado como una fuerza influyente a nivel global. En esta sección, exploraremos en detalle cómo el neo progresismo ha adquirido una presencia global y se ha convertido en un actor clave en múltiples países. Para comprender este proceso en profundidad, examinaremos la influencia de las redes sociales, la conectividad digital y las protestas a nivel mundial en la expansión de este movimiento.

Globalización en la Era Digital

La globalización en la era digital es un fenómeno que ha redefinido profundamente la dinámica social, económica y política a nivel mundial. Esta transformación se ha producido en gran medida gracias a la revolución digital y a las tecnologías de la información que han surgido en las últimas décadas. En este contexto, el neo progresismo ha desempeñado un papel destacado al aprovechar estas herramientas para promover su agenda y conectar a individuos y grupos que comparten sus valores en todo el mundo.

La digitalización ha impactado la forma en que las ideas y los movimientos progresistas se difunden y ganan influencia en todo el planeta. La velocidad con la que la información puede ser compartida a través de Internet ha acelerado la propagación de ideas y ha permitido a personas de diferentes culturas y regiones conectarse de manera instantánea. Esto ha llevado a la creación de comunidades virtuales de activistas y defensores de causas progresistas que pueden colaborar y movilizarse de manera más efectiva que nunca.

Uno de los aspectos más notables de esta transformación es el papel de las redes sociales. Plataformas como Facebook, Twitter, Instagram y otras se han convertido en herramientas cruciales para la organización y la movilización de activistas progresistas en todo el mundo. Estas redes permiten a los defensores de causas progresistas comunicarse entre sí, coordinar acciones y difundir información de manera masiva. Además, han demostrado ser un espacio donde las voces que antes estaban marginadas pueden encontrar una audiencia global, lo que ha contribuido a dar visibilidad a problemas sociales y políticos que de otra manera podrían haber permanecido ocultos.

La globalización en la era digital no solo ha facilitado la comunicación y la organización de los progresistas, sino que también ha influido en la toma de decisiones a nivel político y económico. Los gobiernos y las empresas han tenido que adaptarse a esta nueva realidad, ya que las redes sociales y la información en línea pueden ejercer una presión significativa sobre las políticas y las prácticas corporativas. Las campañas en línea, los boicots virtuales y la movilización de la opinión pública a través de Internet han demostrado ser herramientas poderosas para impulsar el cambio social y político.

Sin embargo, la globalización en la era digital también plantea desafíos importantes. La propagación de noticias falsas y la desinformación en línea son preocupaciones serias que pueden socavar la confianza en la información y en las instituciones. Además, la privacidad en línea se ha convertido en un tema candente, ya que la recopilación de datos personales y la vigilancia en línea plantean cuestiones éticas y legales.

En conclusión, la globalización en la era digital ha transformado la forma en que las ideas progresistas se difunden y se promueven a nivel mundial. Las tecnologías de la información y las redes sociales han permitido una mayor conectividad y movilización de activistas progresistas, lo que ha tenido un impacto significativo en la política y la sociedad. Sin embargo, es importante abordar los desafíos que esta transformación plantea para garantizar que la globalización en la era digital contribuya al progreso social y no socave los valores y derechos fundamentales.

Redes Sociales como Motores de Movilización
Las redes sociales, indudablemente, han cambiado el panorama de la movilización y la activismo en la era digital. Si bien es cierto que estas plataformas como Facebook, Twitter, Instagram y otras han demostrado ser herramientas poderosas para la movilización, su impacto no es únicamente positivo. Al analizar detenidamente su rol en la sociedad actual, surgen cuestionamientos críticos que merecen ser considerados.

En primer lugar, es importante señalar que la instantaneidad de la conectividad que ofrecen estas redes sociales también ha facilitado la propagación de desinformación, noticias falsas y teorías de conspiración. La viralización de contenido falso ha socavado la confianza en la información veraz y ha llevado a la polarización de la sociedad. En lugar de promover un diálogo informado y constructivo, a menudo, las redes sociales se convierten en plataformas para la difusión de información engañosa que alimenta el temor y la desconfianza.

Otro aspecto crítico que merece atención es la falta de regulación y supervisión efectiva en estas plataformas. A menudo, las redes sociales son utilizadas para fomentar discursos de odio, acoso cibernético y la difusión de contenido perjudicial. A pesar de los esfuerzos por parte de las empresas propietarias para abordar estos problemas, persisten desafíos importantes en la moderación y eliminación de contenido dañino. La falta de regulación adecuada también plantea cuestiones de privacidad y seguridad de datos, ya que las empresas recopilan una gran cantidad de información personal de los usuarios.

Además, la movilización en las redes sociales a veces puede llevar a la llamada "justicia por linchamiento", donde los individuos son señalados y juzgados públicamente sin un proceso justo. Esto puede tener consecuencias graves para la vida de las personas, ya que la viralización de información errónea o malintencionada puede destruir reputaciones y vidas.

Otro punto crítico a considerar es que las redes sociales pueden crear burbujas de filtro, donde los usuarios solo ven contenido y opiniones que coinciden con sus propias creencias. Esto limita la exposición a perspectivas diferentes y contribuye a la polarización de la sociedad, ya que la gente se vuelve menos dispuesta a considerar puntos de vista opuestos.

La Conectividad Digital y la Difusión de Ideas
La conectividad digital ha ejercido un impacto innegable en la difusión de ideas progresistas y ha reconfigurado la forma en que se abordan cuestiones fundamentales relacionadas con la justicia social, la igualdad de género, los derechos LGBTQ+, el medio ambiente y otros temas de relevancia mundial. Esta transformación, sin duda, ha abierto nuevas puertas para el neo progresismo, pero también plantea interrogantes y desafíos críticos que merecen una exploración más profunda.

En primer lugar, es importante destacar que la conectividad digital ha permitido que los debates progresistas trasciendan las fronteras nacionales y alcancen audiencias globales. Las redes sociales, plataformas de blogs y medios digitales han servido como canales para dar voz a activistas y defensores de causas progresistas de todo el mundo. Esto ha llevado a la creación de comunidades globales de apoyo, donde las luchas locales pueden obtener solidaridad y visibilidad a nivel internacional. Sin embargo, esta globalización de las ideas no está exenta de desafíos.

Uno de los desafíos más evidentes es la información errónea y la desinformación que también circulan en línea. A medida que las ideas progresistas se difunden, también lo hacen las narrativas contrarias, y la línea que separa la información verídica de la falsa puede volverse borrosa. Esto socava la credibilidad y la confianza en la información y en las fuentes, lo que a su vez puede obstaculizar los esfuerzos de movilización progresista.

Además, la diversidad de perspectivas, aunque enriquecedora, puede dar lugar a la fragmentación de los movimientos progresistas. En ocasiones, la multiplicidad de voces y enfoques puede dificultar la consolidación de una plataforma unificada para el cambio. La existencia de opiniones divergentes y enfoques dispares dentro del neo progresismo puede llevar a divisiones internas, lo que a menudo se traduce en la incapacidad de lograr avances significativos en temas críticos.

La conectividad digital también ha planteado preguntas sobre la confiabilidad y la seguridad de la información personal. A medida que los datos de los usuarios se convierten en una moneda de cambio en el mundo digital, la privacidad se convierte en una preocupación apremiante. La recopilación y el uso de datos personales por parte de las plataformas digitales han planteado cuestiones éticas y legales que requieren una regulación más sólida.

La conectividad digital ha impulsado la difusión de ideas progresistas a nivel global, enriqueciendo la base de conocimientos y fomentando una comprensión más amplia de las cuestiones relevantes. Sin embargo, esta revolución digital también ha expuesto a desafíos críticos, incluyendo la desinformación, la fragmentación dentro del movimiento progresista y preocupaciones de privacidad. La capacidad de abordar y superar estos desafíos será esencial para que el neo progresismo siga avanzando en la era digital.

Protestas a Nivel Mundial y Solidaridad Transnacional
Las protestas a nivel mundial han desempeñado un papel fundamental en la evolución del neo progresismo, marcando un hito notable en la globalización de las luchas por la justicia social, la igualdad de género, los derechos LGBTQ+, el medio ambiente y otros temas críticos. Estos movimientos, que han alcanzado un alcance global, han demostrado no solo la capacidad de las ideas progresistas para trascender fronteras, sino también la importancia de la solidaridad transnacional en la lucha por un mundo más justo y equitativo.

El Women's March en Estados Unidos, por ejemplo, no solo tuvo un impacto significativo en el país, sino que también inspiró manifestaciones similares en numerosas naciones de todo el mundo. Miles de personas se unieron para expresar su apoyo a la igualdad de género y para luchar contra la discriminación y la violencia de género. Este evento y otros como él han demostrado que la lucha por los derechos de las mujeres es un asunto global que trasciende las fronteras y une a personas de diferentes culturas y contextos.

El movimiento Black Lives Matter es otro ejemplo poderoso de protesta global que ha surgido en respuesta a la discriminación racial y la violencia policial. La indignación y la solidaridad se extendieron a nivel internacional, con personas en todo el mundo alzando la voz contra la injusticia racial y expresando su apoyo a la lucha por la igualdad racial en Estados Unidos. Esto evidencia cómo los problemas de justicia social no son exclusivos de un país, sino que son cuestiones universales que requieren atención y acción colectiva.

Las marchas y manifestaciones en contra del cambio climático son otro fenómeno significativo. El movimiento juvenil encabezado por Greta Thunberg ha inspirado a jóvenes de todo el mundo a tomar medidas en defensa del medio ambiente. La solidaridad transnacional en este caso se manifiesta en la coordinación de huelgas estudiantiles y manifestaciones en múltiples países, exigiendo acciones concretas para abordar la crisis climática.

En el ámbito de los derechos LGBTQ+, la lucha por la igualdad y la no discriminación también ha alcanzado una dimensión global. La solidaridad transnacional se manifiesta en la promoción de leyes y políticas inclusivas en distintos países y en la celebración de eventos como el Día del Orgullo LGBTQ+, que reúne a comunidades de todo el mundo en una muestra de unidad y visibilidad.

No obstante, estas protestas a nivel mundial y la solidaridad transnacional que las impulsa también enfrentan desafíos críticos. La represión gubernamental y la resistencia a los cambios en muchos lugares pueden poner en riesgo la seguridad de los activistas y defensores de causas progresistas. Además, la complejidad de las cuestiones que se abordan requiere un compromiso sostenido y la capacidad de traducir las protestas en cambios concretos a nivel de políticas y leyes.

Las protestas a nivel mundial han sido un factor trascendental en la globalización del neo progresismo. Han demostrado la capacidad de las ideas progresistas para cruzar fronteras y han resaltado la importancia de la solidaridad transnacional en la lucha por la justicia social y la igualdad. Sin embargo, la persistencia de desafíos como la represión y la necesidad de traducir las protestas en cambios concretos plantean preguntas cruciales sobre el camino a seguir para estos movimientos globales.

Consolidación del Neo Progresismo a Nivel Global
La consolidación del neo progresismo a nivel global ha marcado un capítulo crucial en la historia política y social contemporánea. Este proceso, impulsado por la globalización y la creciente conciencia de cuestiones cruciales, ha llevado a la formación de un movimiento internacional con un impacto político y social cada vez más pronunciado en numerosos países. En este análisis más extenso, exploraremos en detalle este fenómeno, destacando sus éxitos y desafíos.

Uno de los aspectos más notables de la consolidación del neo progresismo a nivel global es la colaboración entre organizaciones no gubernamentales, movimientos políticos y coaliciones internacionales. Este tipo de alianzas transnacionales ha permitido que las luchas progresistas se vuelvan más efectivas, ya que pueden abordar cuestiones que trascienden las fronteras nacionales. Ejemplos destacados incluyen la colaboración entre organizaciones feministas de diferentes países para promover la igualdad de género, o la cooperación entre grupos de defensa del medio ambiente en todo el mundo para enfrentar la crisis climática.

La igualdad de género es uno de los temas en los que el neo progresismo ha logrado avances significativos a nivel global. La solidaridad transnacional ha impulsado campañas para cambiar leyes, políticas y normas sociales que perpetúan la discriminación de género y la violencia contra las mujeres. La promoción de la igualdad de género no solo es un objetivo en sí mismo, sino que también está intrínsecamente vinculada a la justicia social y al empoderamiento de las mujeres en todo el mundo.

Otro tema crucial abordado por el neo progresismo es la justicia social. La lucha contra la desigualdad económica, la discriminación racial y la exclusión social ha sido una prioridad para este movimiento. Gracias a la cooperación global, se han logrado avances en la promoción de políticas y programas que buscan garantizar que todas las personas tengan acceso a oportunidades y recursos equitativos.

La crisis climática también ha sido objeto de una acción decidida por parte del neo progresismo a nivel global. La formación de coaliciones internacionales y la presión ejercida sobre los gobiernos han contribuido a que la cuestión medioambiental adquiera un lugar central en la agenda política de muchos países. La solidaridad transnacional en esta área es esencial, ya que el cambio climático es un problema que afecta a todas las naciones y requiere una acción coordinada a nivel global.

Sin embargo, la consolidación del neo progresismo también enfrenta desafíos críticos. La resistencia por parte de actores políticos y económicos que se oponen a las reformas progresistas es significativa. La desigualdad de poder entre naciones y la falta de voluntad política en algunos casos pueden obstaculizar la implementación de medidas progresistas.
Además, el neo progresismo no es un movimiento monolítico, y las divisiones internas pueden debilitar su capacidad para lograr un cambio significativo. Diferentes enfoques y prioridades pueden dificultar la consolidación de un frente unificado.

Desafíos y Críticas
Los desafíos y críticas que el neo progresismo ha enfrentado, a pesar de su éxito en la globalización, son una parte fundamental de su evolución y desarrollo. Al analizar este movimiento en mayor profundidad, es crucial comprender tanto sus logros como las áreas en las que aún queda trabajo por hacer.

Uno de los desafíos más destacados que el neo progresismo ha enfrentado es la falta de cohesión ideológica y la diversidad de agendas dentro del movimiento. Mientras que la diversidad de perspectivas y enfoques puede ser enriquecedora y reflejar la complejidad de los problemas contemporáneos, también puede dar lugar a divisiones internas que debilitan la capacidad del movimiento para presentar una plataforma unificada. En algunas ocasiones, la falta de consenso en torno a cuestiones fundamentales ha llevado a debates internos que pueden ralentizar la acción colectiva.

Otro aspecto crítico es la polarización política que prevalece en muchas naciones. Las diferencias ideológicas y políticas a menudo se traducen en obstáculos significativos para la implementación de políticas progresistas a nivel nacional e internacional. La resistencia de ciertos gobiernos y grupos de interés a medidas progresistas puede frenar el avance de las agendas relacionadas con la justicia social, la igualdad de género, el medio ambiente y otros temas clave. La falta de voluntad política y la influencia de intereses económicos poderosos a menudo dificultan la adopción de reformas significativas.

La globalización del neo progresismo también ha provocado críticas relacionadas con la efectividad de su acción a nivel internacional. Algunos argumentan que, si bien el movimiento ha logrado aumentar la conciencia global sobre cuestiones progresistas, la traducción de esa conciencia en medidas concretas sigue siendo un desafío. La capacidad de influir en la toma de decisiones a nivel internacional y de presionar a los gobiernos y actores globales para que tomen medidas efectivas es un campo en el que se necesita un esfuerzo constante.

La resistencia a las reformas progresistas no se limita solo a los gobiernos, sino que también puede provenir de actores no estatales, como corporaciones y grupos de presión. La influencia económica y política de estos actores puede contrarrestar los esfuerzos progresistas y obstaculizar la implementación de políticas que buscan abordar desafíos globales.

Por último, la crítica al neo progresismo también se ha centrado en la capacidad del movimiento para incluir de manera efectiva a voces marginadas y comunidades subrepresentadas en la toma de decisiones. La representatividad y la inclusión en la formulación de políticas y agendas progresistas son cuestiones importantes que deben ser abordadas para garantizar que el movimiento sea genuinamente inclusivo y equitativo.

En resumen, a pesar de su éxito en la globalización, el neo progresismo no está exento de desafíos y críticas. La falta de cohesión ideológica, la polarización política, la resistencia de ciertos actores y la necesidad de traducir la conciencia global en acción concreta son problemas que el movimiento debe afrontar de manera constante. La capacidad de superar estos desafíos será esencial para que el neo progresismo continúe su lucha por un mundo más justo y equitativo en un entorno global complejo y en constante cambio.

Sección 4: Las Raíces Intelectuales del Neo Progresismo

En esta sección, exploraremos en profundidad las bases intelectuales que fundamentan el neo progresismo, analizando las ideas y teorías que han dado forma a este movimiento. Entre los conceptos clave que se examinarán se encuentran la justicia social, el feminismo, la igualdad de género, la diversidad y la inclusión. Asimismo, se analizarán las influencias filosóficas y teóricas que han contribuido a moldear el enfoque del neo progresismo.

Justicia Social como Pilar Fundamental
La justicia social es uno de los pilares centrales del neo progresismo. En su esencia, esta noción defiende que todas las personas merecen igualdad de derechos, oportunidades y acceso a los recursos necesarios para una vida digna. Esta idea se basa en la creencia de que las desigualdades económicas y sociales son injustas y deben ser abordadas a través de políticas y acciones concretas. Teóricos como John Rawls y su "Teoría de la Justicia" han influido en la concepción de la justicia social, promoviendo la idea de que las desigualdades pueden ser justificadas solo si benefician a los más desfavorecidos.

Feminismo y la Lucha por la Igualdad de Género
El feminismo es una corriente de pensamiento fundamental para el neo progresismo. Se centra en la lucha por la igualdad de género y la erradicación del patriarcado. Filósofas y teóricas feministas como Simone de Beauvoir, bell hooks y Judith Butler han influido en la comprensión de las estructuras de poder que perpetúan la opresión de género. El neo progresismo aboga por políticas y acciones que desafíen las normas de género y promuevan la igualdad en todos los ámbitos de la sociedad.

Igualdad de Género y Diversidad
La igualdad de género es un principio esencial del neo progresismo, pero también se ha expandido para incluir una apreciación más amplia de la diversidad. Se reconoce que la igualdad no se limita a la igualdad entre

hombres y mujeres, sino que también debe abordar la discriminación y la desigualdad en función de la orientación sexual, la identidad de género, la raza, la etnia, la religión y otras características personales. El pensamiento interseccional, impulsado por teóricas como Kimberlé Crenshaw, ha destacado la importancia de considerar las intersecciones de múltiples identidades al analizar la discriminación y la opresión.

Inclusión como Valor Fundamental
La inclusión es un principio clave en el neo progresismo. Se trata de garantizar que todas las voces y perspectivas sean consideradas y respetadas en la toma de decisiones y en la vida social. Filósofos como Habermas han influido en la noción de una "esfera pública" donde se pueden debatir y deliberar asuntos públicos de manera inclusiva. El neo progresismo aboga por políticas y prácticas que fomenten la participación de grupos marginados y la creación de comunidades más inclusivas.

Influencias Filosóficas y Teóricas en el Neo Progresismo: Desafíos y Controversias
El neo progresismo, como movimiento social y político, ha encontrado inspiración en una diversidad de influencias filosóficas y teóricas que han contribuido a moldear sus fundamentos ideológicos y su enfoque en la búsqueda de justicia social y equidad. Sin embargo, es importante destacar que este movimiento no está exento de desafíos y controversias, especialmente en lo que respecta a la imposición de ideologías en la sociedad.

Utilitarismo y John Stuart Mill:
El utilitarismo, si bien aboga por la maximización del bienestar de la mayoría, ha sido objeto de críticas en el contexto del neo progresismo. Algunos argumentan que la aplicación de esta teoría puede llevar a un tipo de "mayoritarismo moral" en el que las minorías y sus derechos puedan verse sacrificados en nombre del bienestar general. Esto plantea la cuestión de cómo equilibrar la búsqueda de la justicia social con la protección de las libertades individuales y los derechos de las minorías.

Teorías Críticas y la Escuela de Frankfurt:
Si bien las teorías críticas han arrojado luz sobre las estructuras de poder y la opresión en la sociedad, también han sido objeto de controversia. Algunos críticos argumentan que estas teorías pueden llevar a una visión pesimista y deconstruccionista de la sociedad, lo que podría desalentar la construcción de soluciones concretas y la colaboración entre diferentes sectores de la sociedad.

John Rawls y la Teoría de la Justicia:
La teoría de John Rawls, a pesar de su influencia en la idea de justicia social, ha suscitado debate sobre la aplicabilidad de su concepto de "velo de ignorancia". Algunos críticos argumentan que esta noción puede llevar a soluciones utópicas que no tienen en cuenta las realidades y las limitaciones del mundo real. Además, la cuestión de quién define lo que es "justo" y las posibles tensiones entre diferentes concepciones de la justicia siguen siendo desafíos para el neo progresismo.

Pensadores Feministas y de Género:
Los pensadores feministas y de género han desempeñado un papel crítico en la promoción de la igualdad de género y en la expansión de la comprensión de las complejidades de las identidades de género y las dinámicas de poder en la sociedad. Sin embargo, la influencia y las perspectivas feministas también han sido objeto de controversia en diversos sectores de la sociedad. Es importante explorar más a fondo estos aspectos, reconociendo tanto su impacto positivo como las resistencias y desafíos que han surgido.

El feminismo, en sus diversas olas y corrientes, ha trabajado para abordar la discriminación y la opresión basadas en el género. Ha promovido la igualdad de derechos, la autonomía y la lucha contra las estructuras patriarcales que perpetúan la desigualdad de género. Las teorías de género, por su parte, han contribuido a una comprensión más profunda de cómo las construcciones sociales y culturales influyen en las identidades y roles de género.

Sin embargo, estas perspectivas no han estado exentas de controversia. Algunos grupos y sectores de la sociedad han resistido estas ideas, argumentando que chocan con sus valores y creencias tradicionales. La imposición de ciertas perspectivas feministas ha sido vista como una amenaza a las estructuras de poder establecidas, lo que ha generado resistencia y oposición.

El debate en torno a la igualdad de género sigue siendo un terreno fértil para la controversia y el desacuerdo. Las discusiones sobre cuestiones como el aborto, el matrimonio igualitario, la igualdad salarial y la representación de género en diversos ámbitos suelen generar fuertes diferencias de opinión. Estos debates a menudo reflejan valores arraigados en la sociedad y desafían las normas establecidas, lo que puede ser incómodo para algunos.

La lucha por la igualdad de género también ha llevado a una mayor conciencia de la interseccionalidad, es decir, la forma en que las identidades de género se entrelazan con otras formas de opresión, como la raza, la orientación sexual, la clase social y la discapacidad. Esto ha llevado a un enriquecimiento de las perspectivas feministas, pero también ha generado debates sobre cómo abordar de manera efectiva las complejas intersecciones de opresión.

A pesar de las controversias y resistencias, el feminismo y las teorías de género han logrado avances significativos en la promoción de la igualdad de género. La lucha por la igualdad de género es fundamental para crear sociedades más justas y equitativas, donde todas las personas tengan igualdad de oportunidades y derechos. El debate y la controversia son inherentes a la evolución de la sociedad y, en última instancia, pueden contribuir a un mayor entendimiento y cambio social. La lucha por la igualdad de género sigue siendo un terreno fértil para el debate y la reflexión en la sociedad en su conjunto.

Perspectivas Interseccionales y la Controversia sobre Fragmentación y Jerarquía de Opresión
La perspectiva interseccional, si bien valiosa en su intento de entender las complejidades de la opresión, ha desencadenado debates y controversias que requieren un análisis más profundo. La preocupación central radica en la posibilidad de que un exceso de enfoque en las intersecciones de las identidades pueda fragmentar excesivamente la sociedad y dar lugar a la creación de una jerarquía de opresión. Esta controversia se despliega en varios aspectos:

Fragmentación Social:
Algunos críticos argumentan que la aplicación de la perspectiva interseccional puede llevar a una fragmentación excesiva de la sociedad. Al dividir a las personas en grupos basados en una multiplicidad de identidades (género, raza, orientación sexual, religión, etc.), se argumenta que se corre el riesgo de que se formen subgrupos demasiado específicos y atomizados. Esta fragmentación podría dificultar la construcción de una identidad colectiva y la búsqueda de objetivos comunes.

Los desafíos y críticas que el neo progresismo ha enfrentado, a pesar de su éxito en la globalización, son una parte fundamental de su evolución y desarrollo. Al analizar este movimiento en mayor profundidad, es crucial comprender tanto sus logros como las áreas en las que aún queda trabajo por hacer.

Uno de los desafíos más destacados que el neo progresismo ha enfrentado es *la falta de cohesión ideológica y la diversidad de agendas dentro del movimiento*. Mientras que la diversidad de perspectivas y enfoques puede ser enriquecedora y reflejar la complejidad de los problemas contemporáneos, también puede dar lugar a divisiones internas que debilitan la capacidad del movimiento para presentar una plataforma unificada. En algunas ocasiones, la falta de consenso en torno a cuestiones fundamentales ha llevado a debates internos que pueden ralentizar la acción colectiva.

Otro aspecto crítico es la polarización política que prevalece en muchas naciones. Las diferencias ideológicas y políticas a menudo se traducen en obstáculos significativos para la implementación de políticas progresistas a nivel nacional e internacional. La resistencia de ciertos gobiernos y grupos de interés a medidas progresistas puede frenar el avance de las agendas relacionadas con la justicia social, la igualdad de género, el medio ambiente y otros temas clave. La falta de voluntad política y la influencia de intereses económicos poderosos a menudo dificultan la adopción de reformas significativas.

La globalización del neo progresismo también ha provocado críticas relacionadas con la efectividad de su acción a nivel internacional. Algunos argumentan que, si bien el movimiento ha logrado aumentar la conciencia global sobre cuestiones progresistas, la traducción de esa conciencia en medidas concretas sigue siendo un desafío. La capacidad de influir en la toma de decisiones a nivel internacional y de presionar a los gobiernos y actores globales para que tomen medidas efectivas es un campo en el que se necesita un esfuerzo constante.

La resistencia a las reformas progresistas no se limita solo a los gobiernos, sino que también puede provenir de actores no estatales, como corporaciones y grupos de presión. La influencia económica y política de estos actores puede contrarrestar los esfuerzos progresistas y obstaculizar la implementación de políticas que buscan abordar desafíos globales.

Por último, la crítica al neo progresismo también se ha centrado en la capacidad del movimiento para incluir de manera efectiva a voces marginadas y comunidades subrepresentadas en la toma de decisiones. La representatividad y la inclusión en la formulación de políticas y agendas progresistas son cuestiones importantes que deben ser abordadas para garantizar que el movimiento sea genuinamente inclusivo y equitativo.

Jerarquía de Opresión:
Otra preocupación planteada por críticos es la posibilidad de que la perspectiva interseccional pueda conducir a la creación de una jerarquía de opresión, donde ciertas identidades se consideren más oprimidas o merecedoras de atención que otras. Esto puede dar lugar a la competencia por la atención y los recursos, lo que podría debilitar la solidaridad entre diferentes grupos. Además, se

plantea la cuestión de quién tiene la autoridad para determinar cuáles identidades son las más oprimidas, lo que puede ser objeto de disputa y conflicto.

La crítica en torno a la fragmentación social derivada de la perspectiva interseccional es un tema que merece una exploración más profunda, ya que plantea preocupaciones significativas en el contexto de los movimientos progresistas y la lucha por la justicia social. En este análisis más extenso, examinaremos con detenimiento las dimensiones de este debate, resaltando tanto sus méritos como sus desafíos.

La perspectiva interseccional, que busca comprender cómo múltiples identidades y opresiones se entrelazan y se superponen, ha sido fundamental para reconocer la complejidad de la experiencia humana. Esta perspectiva ha permitido visibilizar las distintas formas de discriminación y desigualdad a las que se enfrentan las personas, considerando factores como el género, la raza, la orientación sexual, la religión, entre otros. No obstante, algunos argumentan que esta atención a múltiples identidades puede dar lugar a la fragmentación excesiva de la sociedad.

Uno de los principales argumentos en contra de la perspectiva interseccional es que al dividir a las personas en grupos cada vez más específicos, se corre el riesgo de que se formen subgrupos atomizados. Esta fragmentación podría dificultar la construcción de una identidad colectiva y la búsqueda de objetivos comunes en la lucha por la justicia social. Al centrarse en las diferencias y divisiones internas, algunos críticos sostienen que se debilita la capacidad de unirse como sociedad para abordar problemas comunes.

Sin embargo, es importante señalar que esta crítica puede ser simplista en su enfoque, ya que ignora aspectos clave de la perspectiva interseccional. La perspectiva interseccional no busca dividir a la sociedad en fragmentos inconexos, sino más bien resaltar la complejidad de las experiencias y opresiones individuales y colectivas. Al reconocer y comprender estas complejidades, se pueden tomar medidas más efectivas para abordar las desigualdades y la discriminación en todas sus formas.

Además, la perspectiva interseccional no es incompatible con la construcción de identidades colectivas y la búsqueda de objetivos comunes. De hecho, puede fortalecer estas metas al destacar la importancia de la inclusión y la equidad. La diversidad de perspectivas y experiencias enriquece la discusión y la toma de decisiones, lo que puede llevar a políticas y acciones más justas y efectivas.

Otro aspecto crítico en este debate es que la fragmentación no es una consecuencia inherente de la perspectiva interseccional en sí misma, sino más bien una interpretación o aplicación errónea de la misma. Es responsabilidad de quienes trabajan con esta perspectiva garantizar que se utilice de manera que no divida la sociedad, sino que promueva la comprensión y la colaboración.

El debate en torno a la fragmentación social derivada de la perspectiva interseccional es un tema importante que merece una consideración cuidadosa. Si bien existen preocupaciones legítimas sobre la fragmentación, también es fundamental reconocer que la perspectiva interseccional busca enriquecer la comprensión de la diversidad y la complejidad de las experiencias humanas. La clave está en aplicar esta perspectiva de manera equilibrada, asegurando que no conduzca a divisiones innecesarias, sino que promueva una mayor igualdad y justicia para todos.

Complejidad en el Análisis:
La aplicación de la perspectiva interseccional puede ser un terreno polémico debido a la complejidad de analizar las múltiples intersecciones de identidades. Esto plantea desafíos en la investigación y la formulación de políticas, ya que identificar cuáles factores son los más relevantes o determinar la gravedad relativa de las distintas formas de opresión puede ser un proceso complicado.

La perspectiva interseccional, que busca comprender cómo las múltiples identidades y opresiones se entrelazan y se superponen, ha demostrado ser una herramienta poderosa para analizar y abordar la desigualdad y la discriminación. Sin embargo, la aplicación de esta perspectiva no está exenta de desafíos y complejidades que merecen una consideración detenida. En este análisis más extenso, exploraremos a fondo los desafíos y las críticas en torno a la complejidad en el análisis interseccional.

Uno de los desafíos más evidentes al aplicar la perspectiva interseccional es la complejidad inherente de analizar las múltiples intersecciones de identidades. Cada persona es única y tiene múltiples identidades, como género, raza, orientación sexual, religión, clase social, discapacidad, entre otras. Estas identidades pueden interactuar de maneras complejas y únicas, lo que dificulta la generalización o la simplificación en el análisis.

En el ámbito de la investigación, esta complejidad plantea desafíos considerables. Determinar cuáles factores son los más relevantes en un contexto específico o en un conjunto de datos puede ser un proceso complicado. Además, las investigaciones que intentan captar la intersección de múltiples identidades a menudo requieren muestras más grandes y metodologías más sofisticadas, lo que puede ser costoso y demorado.

La formulación de políticas también enfrenta obstáculos significativos. La identificación de cuáles formas de opresión son más graves o cómo abordar eficazmente las múltiples dimensiones de la discriminación puede ser un desafío. Además, los sistemas legales y políticos a menudo están diseñados para abordar cuestiones de manera fragmentada, lo que no se alinea fácilmente con la perspectiva interseccional.

Otro aspecto crítico en este debate es la posibilidad de que, debido a su complejidad, la perspectiva interseccional pueda llevar a una parálisis del análisis o a la inacción. Al intentar comprender todas las intersecciones posibles de opresiones, algunos críticos argumentan que podría resultar difícil tomar medidas concretas y efectivas para abordar la desigualdad y la discriminación. La sobrecomplicación del análisis podría llevar a una falta de dirección y a una pérdida de enfoque.

Sin embargo, es fundamental destacar que la complejidad no es una limitación inherente de la perspectiva interseccional en sí misma, sino más bien una característica de la realidad de las experiencias humanas. La interseccionalidad reconoce que la vida de las personas es intrincada y que las opresiones no se pueden entender de manera aislada.

La clave para superar estos desafíos radica en aplicar la perspectiva interseccional de manera equilibrada y contextual. Esto implica reconocer la complejidad sin que esta se convierta en una barrera para la acción. La interseccionalidad no busca paralizar, sino enriquecer la comprensión y promover la equidad. Al abordar la desigualdad y la discriminación desde una perspectiva interseccional, se pueden desarrollar políticas y acciones más inclusivas y efectivas.

Relevancia Práctica:
La discusión en torno a la aplicabilidad práctica de la perspectiva interseccional en la formulación de políticas y la toma de decisiones concretas es un tema que ha generado un debate sustancial. Es esencial explorar a fondo este asunto, considerando tanto las críticas como las perspectivas que abogan por su utilidad, y reconocer la complejidad de la cuestión.

Por un lado, algunos críticos argumentan que, si bien la teoría interseccional es valiosa desde un punto de vista académico, su implementación en la práctica puede resultar complicada y, en ocasiones, controvertida. La complejidad de analizar las múltiples intersecciones de identidades, como género, raza, orientación sexual, religión y otras, plantea desafíos en la identificación de cuáles factores son los más relevantes en un contexto específico. Además, la interpretación subjetiva de cuáles identidades son las más oprimidas puede dar lugar a disputas y conflictos.

La controversia en torno a la perspectiva interseccional también se manifiesta en la dificultad de traducir esta teoría en políticas y decisiones prácticas. Los sistemas legales y políticos a menudo están estructurados para abordar problemas de manera fragmentada y simplificada, lo que no se alinea fácilmente con la perspectiva interseccional. Esto puede generar obstáculos considerables en la implementación efectiva de medidas que aborden la desigualdad y la discriminación desde una perspectiva interseccional.

No obstante, es fundamental resaltar que estas críticas no buscan invalidar la importancia de la perspectiva interseccional. Esta perspectiva ha sido fundamental para comprender la complejidad de las experiencias de opresión y ha arrojado luz sobre dimensiones de la desigualdad que de otro modo podrían haber pasado desapercibidas. La interseccionalidad ha permitido visibilizar y abordar la discriminación y la exclusión que afectan a personas con múltiples identidades de manera simultánea.

El debate en torno a la aplicabilidad práctica de la perspectiva interseccional resalta la necesidad de un enfoque reflexivo y equilibrado al considerar su implementación en la sociedad. Si bien esta perspectiva es valiosa para comprender las complejas interacciones entre diferentes opresiones, es importante evitar divisiones innecesarias y abordar las diferencias de manera constructiva y solidaria. La perspectiva interseccional, en última instancia, busca promover la inclusión y la equidad para todas las personas, independientemente de sus identidades específicas.

La perspectiva interseccional sigue siendo un terreno de debate y reflexión importante en el neo progresismo y en la sociedad en su conjunto. La aplicación efectiva de esta perspectiva en la formulación de políticas y la toma de decisiones concretas requerirá un enfoque colaborativo y una adaptación a las necesidades y realidades específicas de cada contexto. Su valor radica en su capacidad para abordar la desigualdad en toda su complejidad y promover un mundo más justo y equitativo.

Sección 5: Evolución de los Objetivos del Neo Progresismo: Un Abanico de Cuestiones

La evolución de los objetivos del neo progresismo ha sido un proceso complejo y multifacético que ha llevado a este movimiento a abarcar una amplia gama de cuestiones, más allá de sus raíces en la justicia social y la igualdad. En esta sección, exploraremos en profundidad cómo los objetivos originales del neo progresismo han evolucionado a lo largo del tiempo, abarcando cuestiones que van desde la lucha contra el cambio climático hasta la redefinición de las normas culturales y sociales.

Justicia Social Ampliada:
La justicia social ampliada es un componente esencial y en constante evolución de la agenda del neo progresismo. Desde sus raíces, el movimiento ha abrazado la idea de que todas las personas merecen igualdad de oportunidades, derechos y dignidad, independientemente de su género, raza, orientación sexual, religión, discapacidad o cualquier otra característica. Sin embargo, a medida que la sociedad ha avanzado y ha surgido una comprensión más profunda de la complejidad de las desigualdades, la noción de justicia social se ha ampliado para abordar una amplia gama de temas críticos.

Uno de los pilares fundamentales de la justicia social ampliada es la igualdad de ingresos y la igualdad de oportunidades. Esto implica garantizar que todas las personas tengan acceso a recursos y oportunidades de manera equitativa. A pesar de los avances en este sentido, la desigualdad económica sigue siendo un desafío importante en muchas sociedades. El neo progresismo trabaja para abordar esta disparidad a través de políticas que buscan redistribuir la riqueza y garantizar que las oportunidades estén al alcance de todos.

La justicia racial es otro aspecto crítico de la justicia social ampliada. La lucha contra el racismo sistémico y la discriminación racial ha sido un objetivo fundamental del neo progresismo. El movimiento busca desafiar y eliminar las barreras que impiden que las personas de diferentes orígenes raciales tengan igualdad de oportunidades en áreas como la educación, el empleo y la justicia. La lucha por la justicia racial es un esfuerzo continuo que requiere un compromiso constante y la promoción de políticas antirracistas.

La igualdad de género es otra dimensión importante de la justicia social ampliada. El neo progresismo trabaja para abordar las desigualdades de género y empoderar a las mujeres y personas de género diverso. Esto incluye la promoción de políticas de igualdad salarial, la lucha contra la violencia de género y la promoción de la igualdad de acceso a oportunidades educativas y laborales.

Los derechos LGBTQ+ son una parte esencial de la justicia social ampliada. El neo progresismo ha abogado por la igualdad de derechos y la no discriminación con respecto a la orientación sexual e identidad de género. Esta lucha ha llevado a avances significativos en la aceptación y protección de los derechos de las personas LGBTQ+ en muchas partes del mundo, pero sigue habiendo desafíos y resistencia.

Lucha contra el Cambio Climático:
La lucha contra el cambio climático se ha convertido en un tema central en la agenda del neo progresismo, lo que refleja el reconocimiento de la urgencia de abordar los desafíos ambientales y la necesidad de promover políticas sostenibles. Sin embargo, este compromiso con la acción climática también plantea cuestiones críticas y desafíos que requieren una exploración más profunda y crítica.

La conciencia sobre el cambio climático como una amenaza global ha aumentado significativamente en las últimas décadas. La evidencia científica respalda de manera abrumadora la idea de que la actividad humana, en particular la emisión de gases de efecto invernadero, está provocando un aumento en las temperaturas globales y un cambio en los patrones climáticos. Estos cambios pueden tener consecuencias devastadoras para el medio ambiente, la economía y la salud humana, y es en este contexto que el neo progresismo ha asumido un papel de liderazgo en la lucha contra el cambio climático.

El compromiso del neo progresismo con la acción climática abarca varios aspectos. En primer lugar, el movimiento promueve la transición hacia una economía más limpia y sostenible. Esto implica la adopción de fuentes de energía renovable, la promoción de tecnologías limpias y la implementación de políticas de eficiencia energética. La promoción de la sostenibilidad en la producción y el consumo es un objetivo clave en esta transición.

Sin embargo, esta transición hacia una economía sostenible plantea desafíos significativos. La inversión en energías limpias y la reducción de la dependencia de los combustibles fósiles requieren cambios estructurales importantes en la economía. Esto puede generar resistencia en sectores que dependen de la extracción y el uso de combustibles fósiles, lo que a su vez puede afectar la economía y el empleo en el corto plazo. La transición debe ser gestionada de manera justa y equitativa para evitar consecuencias negativas para los trabajadores y las comunidades afectadas.

Además, la acción climática implica la necesidad de regulaciones más estrictas y políticas gubernamentales efectivas para limitar las emisiones y promover la sostenibilidad. Esto puede dar lugar a debates sobre la intervención gubernamental, la regulación de la industria y los costos asociados con la mitigación del cambio climático. La promoción de políticas de acción climática puede enfrentar oposición de intereses particulares y políticos que cuestionan la necesidad y los efectos de tales medidas.

La lucha contra el cambio climático también plantea cuestiones de equidad y justicia global. Los efectos del cambio climático no se distribuyen de manera uniforme y afectan desproporcionadamente a las comunidades más vulnerables, tanto a nivel nacional como internacional. El neo progresismo aboga por la justicia climática, que busca asegurar que las medidas de mitigación y adaptación tengan en cuenta las necesidades de las poblaciones más afectadas.

Derechos de Inmigrantes:
La cuestión de los derechos de los inmigrantes se ha convertido en un punto central en la agenda del neo progresismo, lo que refleja una creciente preocupación por los desafíos que enfrentan los inmigrantes en todo el mundo. A medida que las poblaciones migratorias han crecido y las dinámicas de migración se han vuelto más complejas, el movimiento neo progresista ha ampliado su enfoque para abordar una serie de temas clave relacionados con los derechos de los inmigrantes.

La lucha por una reforma migratoria integral es un componente fundamental de la agenda del neo progresismo. Esto implica la promoción de políticas que brinden un camino hacia la ciudadanía para los inmigrantes indocumentados que residen en un país. La idea subyacente es que proporcionar un camino legal hacia la ciudadanía reconoce la contribución de los inmigrantes a la sociedad y les otorga un estatus más seguro y protegido. Sin embargo, esta propuesta también ha generado debate y división, ya que algunos argumentan que podría fomentar la inmigración irregular.

La protección de los derechos de los solicitantes de asilo es otro aspecto crítico en la agenda del neo progresismo. Los solicitantes de asilo son personas que huyen de la persecución, la violencia y la opresión en sus países de origen en busca de seguridad y refugio en otro lugar. El neo progresismo aboga por políticas y prácticas que respeten el derecho internacional de asilo y brinden un proceso justo y humano para aquellos que buscan protección. La cuestión de los solicitantes de asilo ha sido particularmente relevante en los últimos años, a medida que se han producido crisis humanitarias en diferentes regiones del mundo.

La oposición a políticas que separan a las familias inmigrantes es un tercer aspecto clave en la lucha del neo progresismo. La separación de familias como resultado de políticas de inmigración ha sido objeto de críticas generalizadas y ha generado una respuesta de indignación en muchos lugares. El neo progresismo aboga por políticas que eviten la separación de familias y promuevan la reunificación familiar, reconociendo el valor de mantener a las familias unidas en busca de una vida mejor.

Además, el neo progresismo trabaja para abordar cuestiones relacionadas con la detención y el trato de los inmigrantes en centros de detención. La atención se centra en garantizar condiciones dignas y respetuosas de los derechos humanos para aquellos que se encuentran bajo custodia del Estado.

A pesar de su enfoque en la promoción de los derechos de los inmigrantes, la agenda del neo progresismo también ha generado resistencia y controversia. Algunos argumentan que las políticas de inmigración más abiertas pueden tener impactos negativos en la economía y la seguridad, lo que ha llevado a debates y divisiones en la sociedad.

La lucha del neo progresismo por los derechos de los inmigrantes es un componente esencial de su agenda. El movimiento busca promover políticas que reconozcan la humanidad y la contribución de los inmigrantes, al tiempo que protegen sus derechos y fomentan la reunificación familiar. Sin embargo, estos esfuerzos también generan debates y controversia en la sociedad en su conjunto, lo que refleja la complejidad de la cuestión migratoria en el mundo contemporáneo.

Reforma de la Justicia Penal:
La reforma de la justicia penal es un tema que ha adquirido una relevancia cada vez mayor en el contexto del neo progresismo. Esta corriente política se ha destacado por su compromiso con la transformación de sistemas que han demostrado ser ineficientes y deshumanizantes en muchos aspectos. Su llamado a la reducción de la población carcelaria, la revisión de las políticas de sentencias y la promoción de enfoques más compasivos y efectivos para abordar el crimen y la reinserción, sin duda, merece un análisis más profundo y crítico.

En primer lugar, la cuestión de la reducción de la población carcelaria es esencial para abordar las graves deficiencias del sistema de justicia penal. Las tasas de encarcelamiento en muchos países, especialmente en los Estados Unidos, son sorprendentemente altas, lo que plantea preguntas incómodas sobre la eficacia de esta política punitiva. La superpoblación carcelaria no solo es costosa para el contribuyente, sino que también crea un círculo vicioso en el que las condiciones de vida en prisión pueden perpetuar la delincuencia en lugar de rehabilitar a los reclusos. La reforma, en este sentido, es imperativa para abordar esta crisis.

La revisión de las políticas de sentencias es otro aspecto crucial de la reforma de la justicia penal. En muchos casos, las penas excesivamente largas, especialmente por delitos no violentos, no solo son inhumanas, sino que también desvían recursos significativos del sistema de justicia que podrían utilizarse de manera más efectiva en la prevención del delito y la rehabilitación. La adopción de enfoques más proporcionales y justos en la imposición de penas es esencial para garantizar que el castigo se ajuste al delito, y que las vidas de los delincuentes no se vean irremediablemente destrozadas por una condena excesivamente larga.

Además, la promoción de enfoques más compasivos y efectivos para abordar el crimen y la reinserción es un cambio necesario en la filosofía subyacente del sistema de justicia penal. En lugar de centrarse exclusivamente en el castigo, es esencial que el sistema se convierta en un instrumento para la rehabilitación de los delincuentes. La inversión en programas de rehabilitación, educación y capacitación laboral en prisión, así como el apoyo a la reintegración de los exreclusos en la sociedad, son pasos cruciales hacia la construcción de un sistema más humano y eficiente.

No obstante, es importante señalar que la reforma de la justicia penal no está exenta de desafíos y controversias. Algunos argumentan que reducir la población carcelaria podría llevar a un aumento de la criminalidad, mientras que otros sostienen que una mayor lenidad en las sentencias podría socavar la disuasión del delito. Estos son aspectos que deben ser abordados cuidadosamente en cualquier proceso de reforma, y se necesitan medidas efectivas de prevención y control para garantizar la seguridad pública.

Normas Culturales y Sociales:
La redefinición de las normas culturales y sociales es un componente fundamental del neo progresismo, que busca transformar la sociedad en múltiples dimensiones, además de las cuestiones políticas y económicas. Este enfoque en la reconfiguración de las normas culturales y sociales ha generado

una serie de debates y controversias, lo que justifica un análisis más extenso y crítico.

En primer lugar, la promoción de la diversidad y la inclusión en los medios de comunicación es un aspecto crucial de la agenda neo progresista. La representación de diferentes grupos étnicos, raciales, de género y orientaciones sexuales en los medios es esencial para reflejar la realidad de una sociedad diversa. Sin embargo, algunos críticos argumentan que, en su afán de representación, los medios pueden caer en la trampa de la corrección política, lo que podría limitar la libertad de expresión y convertirse en censura encubierta. La promoción de la diversidad en los medios debe equilibrarse con la necesidad de garantizar la libertad artística y periodística.

La lucha contra el acoso y la discriminación en el lugar de trabajo es otro pilar importante de la agenda neo progresista. La creación de entornos laborales libres de discriminación y acoso es esencial para garantizar la igualdad de oportunidades y la dignidad de todos los trabajadores. Sin embargo, algunos críticos argumentan que las políticas de "tolerancia cero" pueden llevar a situaciones en las que se acusan injustamente a personas, lo que podría tener graves consecuencias para sus carreras. La implementación de estas políticas debe equilibrar la protección de las víctimas con el respeto a los derechos de los acusados.

La defensa de los derechos reproductivos y de género es un tema particularmente polémico dentro del neo progresismo. Si bien la protección de los derechos reproductivos y de género es fundamental para la igualdad de género y la autonomía de las personas, algunos argumentan que las políticas que permiten el aborto en cualquier etapa del embarazo pueden plantear dilemas éticos significativos. Además, la cuestión de los deportes y la identidad de género genera debates acerca de la equidad en la competición deportiva.

En conclusión, la redefinición de las normas culturales y sociales impulsada por el neo progresismo es un proceso complejo y en constante evolución. Aunque busca crear una sociedad más inclusiva y equitativa, no está exenta de desafíos y controversias. La promoción de la diversidad y la inclusión, la lucha contra el acoso y la discriminación, y la defensa de los derechos reproductivos y de género son objetivos loables, pero es importante abordar de manera crítica las implicaciones y desafíos que surgen en la implementación de estas políticas.

Salud Mental y Acceso a la atención Médica:
La lucha del neo progresismo en favor del acceso a la atención médica y la atención a la salud mental es un componente fundamental de su agenda. Este

compromiso refleja la creciente conciencia de la importancia de garantizar que todas las personas tengan acceso a servicios de salud de calidad, tanto física como mental. Sin embargo, esta área también plantea desafíos críticos que merecen una exploración más profunda y crítica.

El acceso a la atención médica es un derecho humano fundamental que se ha convertido en un pilar central de la lucha del neo progresismo. La promoción de sistemas de salud universales es una prioridad clave, con la idea de que todas las personas, independientemente de su situación económica, deben poder acceder a servicios de atención médica esenciales. Sin embargo, la implementación de sistemas de salud universales puede ser complicada, ya que requiere una inversión significativa de recursos y reformas estructurales. Los debates en torno a la financiación y la gestión de estos sistemas a menudo generan controversia.

Además, la estigmatización de las enfermedades mentales es un problema persistente que el neo progresismo busca abordar. La discriminación y la falta de comprensión en torno a las enfermedades mentales pueden dificultar que las personas busquen ayuda o accedan a servicios de salud mental de calidad. La promoción de políticas y campañas que busquen eliminar el estigma y fomentar una comprensión más amplia de la salud mental es esencial, pero puede enfrentar resistencia cultural y social.

La atención a la salud mental también plantea desafíos específicos. A pesar de los avances en la comprensión de las enfermedades mentales, la disponibilidad y accesibilidad de servicios de salud mental de calidad siguen siendo insuficientes en muchas partes del mundo. El acceso a la atención psicológica y psiquiátrica puede estar limitado por la falta de recursos, la falta de profesionales de la salud mental o barreras financieras. El neo progresismo busca garantizar que la atención a la salud mental sea un componente integral de los sistemas de salud, pero esta tarea es compleja y costosa.

La pandemia de COVID-19 ha acentuado aún más la importancia de la atención a la salud mental. El aislamiento social, la pérdida de empleo y las tensiones emocionales asociadas con la pandemia han tenido un impacto significativo en la salud mental de las personas en todo el mundo. Esto ha generado una demanda creciente de servicios de salud mental, lo que a su vez ha destacado la necesidad de invertir en esta área y reducir las barreras para acceder a la atención.

En resumen, la lucha del neo progresismo en favor del acceso a la atención médica y la atención a la salud mental es un componente esencial de su agenda. Sin embargo, esta área presenta desafíos críticos relacionados con la implementación de sistemas de salud universales, la eliminación del estigma de las enfermedades mentales y la mejora de la disponibilidad y accesibilidad de servicios de salud mental. La pandemia de COVID-19 ha subrayado la urgencia de abordar estos problemas y garantizar que todas las personas tengan acceso a la atención médica de calidad, tanto física como mental.

Desafíos Tecnológicos y Privacidad:
La evolución de la tecnología ha planteado nuevos desafíos que el neo progresismo ha abordado, incluyendo la protección de la privacidad en línea, la regulación de las grandes empresas tecnológicas y la promoción de una tecnología ética y responsable.

Esta expansión de los objetivos del neo progresismo refleja su adaptación a un mundo en constante cambio y su compromiso con una gama más amplia de cuestiones sociales, políticas y culturales. A medida que el movimiento continúa evolucionando, sigue siendo una fuerza influyente en la promoción de un cambio social y político progresista en la sociedad contemporánea.

Sección 6: Las Críticas al Neo Progresismo

El neo progresismo, con su enfoque en la justicia social, la igualdad y una amplia gama de cuestiones sociales y políticas, no está exento de críticas y preocupaciones. En esta sección, examinaremos algunas de las críticas más frecuentes que se han planteado en contra del neo progresismo, incluyendo inquietudes relacionadas con la libertad de expresión y la polarización política.

1. Libertad de Expresión y Cancelación: Un Debate Fundamental

La relación entre el neo progresismo y la libertad de expresión ha emergido como un punto de crítica fundamental. Si bien el movimiento defiende fervientemente la inclusión y la igualdad, ha sido acusado de mostrar intolerancia hacia las opiniones disidentes, lo que ha dado lugar a un debate apasionado sobre el alcance de la libertad de expresión en la sociedad contemporánea.

Intolerancia y Cultura de la "Cancelación": Restricciones a la Libertad de Expresión

La crítica al neo progresismo se acentúa cuando se aborda el fenómeno de la cultura de la "cancelación". Esta práctica, que implica boicotear, repudiar o desvincular a individuos o figuras públicas que han expresado opiniones consideradas ofensivas o controvertidas, ha cobrado relevancia en el ámbito social y mediático. Si bien el movimiento progresista aboga por la diversidad y la igualdad, su participación en esta cultura ha llevado a preocupaciones significativas sobre la _restricción de la libertad de expresión y la creación de una única narrativa "correcta"_. A continuación, se expondrán ejemplos notables de cancelación en el contexto del neo progresismo y los movimientos woke.

Ejemplos de cancelación en el Neo Progresismo y los movimientos Woke:

Cancelación de Personalidades Mediáticas: Figuras mediáticas con opiniones consideradas controversiales han sido objeto de cancelación. Por ejemplo, el presentador de televisión Tucker Carlson, conocido por sus puntos de vista conservadores, ha enfrentado campañas de cancelación y repudio por parte de grupos progresistas y movimientos woke. A pesar de que algunos de sus comentarios han sido criticados como divisivos, la cancelación de su programa ha llevado a debates sobre la tolerancia hacia la diversidad de opiniones en los medios de comunicación.

Cancelación de Conferencistas y Académicos:
En el ámbito académico, se han dado casos de cancelación de conferenciantes y académicos cuyas opiniones son consideradas inaceptables por los estándares del neo progresismo y los movimientos woke. Por ejemplo, la filósofa y escritora Ayaan Hirsi Ali, conocida por su crítica al islamismo radical, ha enfrentado la cancelación en varias instituciones académicas. Esto ha llevado a debates sobre la libertad académica y la diversidad de perspectivas en el ámbito universitario.

Cancelación de Personajes Ficticios y Obras Artísticas:
La cultura de la cancelación no se limita a individuos, sino que también se ha extendido a personajes ficticios y obras artísticas. Por ejemplo, algunos grupos han solicitado la cancelación de series de televisión, películas y libros que se consideran ofensivos o políticamente incorrectos. Esto ha llevado a debates sobre la censura en la cultura popular y la posibilidad de analizar obras desde una perspectiva crítica en lugar de eliminarlas por completo.

Cancelación en Redes Sociales:
Las redes sociales desempeñan un papel destacado en la cultura de la cancelación. Plataformas como Twitter, Facebook y YouTube han suspendido o eliminado cuentas de usuarios que expresan opiniones consideradas ofensivas o que violan sus políticas de uso. Esto ha generado preocupaciones sobre la censura en línea y el papel de las empresas tecnológicas en la regulación de la libertad de expresión.

Cancelación de Eventos y Conferencias:
La cancelación de eventos y conferencias en universidades y otras instituciones
ha sido un tema recurrente. Oradores invitados con opiniones controvertidas
han sido desinvitados debido a la presión de grupos progresistas y movimientos
woke. Esto ha generado debates sobre la capacidad de las instituciones de
educación superior para mantener un ambiente diverso y respetuoso de la
libertad de expresión.

En resumen, la cultura de la "cancelación" en el neo progresismo y los
movimientos woke ha llevado a la cancelación de personalidades mediáticas,
académicos, personajes ficticios y obras artísticas, eventos y conferencias, así
como a la censura en las redes sociales. Estos ejemplos ilustran el desafío de
equilibrar la promoción de valores progresistas con la garantía de la libertad de
expresión y la diversidad de perspectivas en la sociedad contemporánea. El
debate sobre la cultura de la cancelación sigue siendo un tema de controversia
y reflexión en la actualidad.

**Equilibrio entre valores progresistas y derechos lindividuales: El Desafío de
la libertad de expresión**

El debate sobre la relación entre el neo progresismo y la libertad de expresión es
un tema de gran complejidad, que requiere una exploración detallada sobre el
equilibrio entre la promoción de valores progresistas y la garantía de los
derechos individuales. Esta cuestión plantea desafíos significativos, ya que se
debate si es posible promover la inclusión y la igualdad sin coartar la libertad de
expresión. A continuación, profundizaremos en las complejidades de este
dilema.

La Búsqueda de un Espacio Seguro y Respetuoso:
En el corazón del neo progresismo se encuentra la búsqueda de un espacio
seguro y respetuoso para todas las identidades y experiencias. El movimiento
ha luchado por la protección de las minorías, la erradicación de la
discriminación y la promoción de la igualdad. En este contexto, la lucha contra
los discursos de odio y la discriminación es fundamental, y se argumenta que
esta lucha es necesaria para lograr una sociedad más justa y equitativa.

Los Límites Entre la Crítica y la Intolerancia:
Sin embargo, esta noble búsqueda plantea preguntas fundamentales sobre
dónde se encuentra el límite entre la crítica legítima y la intolerancia. El desafío
radica en definir cuándo la libertad de expresión se convierte en un vehículo

para la intolerancia y el discurso de odio. ¿Dónde debemos trazar la línea entre la crítica de ideas y la persecución de personas? Este es un dilema espinoso, ya que diferentes personas pueden tener opiniones divergentes sobre cuándo se cruza esa línea.

Autoridad para Establecer Límites:
Otro aspecto fundamental del debate es quién debe tener la autoridad para establecer los límites a la libertad de expresión. Esta cuestión plantea preocupaciones sobre la censura y el control de las ideas. Si se otorga a una entidad o grupo la autoridad para decidir qué expresiones son aceptables y cuáles no, se abre la puerta a una serie de interrogantes sobre quiénes son los guardianes de la corrección política y quiénes pueden abusar de esa autoridad.

La Diversidad de Perspectivas:
Un aspecto fundamental para encontrar un equilibrio es la promoción de la diversidad de perspectivas. La riqueza de una sociedad democrática reside en la capacidad de debatir y discutir una amplia gama de ideas y opiniones. Restringir la libertad de expresión en nombre de la corrección política puede llevar a la uniformidad de pensamiento y a la pérdida de la diversidad que enriquece el debate y promueve la innovación.

La Relevancia Actual:
Este debate no es teórico, sino de suma relevancia en la actualidad. La cultura de la "cancelación" y las restricciones a la libertad de expresión en línea, así como los casos de cancelación de conferenciantes y personalidades mediáticas, son ejemplos de cómo el equilibrio entre valores progresistas y derechos individuales se ha vuelto un tema candente en la sociedad.

El debate sobre la relación entre el neo progresismo y la libertad de expresión es un tema de complejidad y matices. El desafío radica en encontrar un equilibrio que permita la promoción de valores progresistas y la garantía de los derechos individuales, preservando al mismo tiempo la diversidad de perspectivas y el debate abierto en una sociedad democrática. La búsqueda de soluciones que respeten tanto la inclusión y la igualdad como la libertad de expresión continúa siendo un desafío crítico en la actualidad.

Tolerancia hacia la Diversidad de Opiniones:
Una crítica recurrente al neo progresismo es la percepción de que el movimiento muestra poca tolerancia hacia la diversidad de opiniones. La etiqueta de "intolerante" o "discriminatorio" se ha aplicado a aquellos que discrepan de las perspectivas progresistas. Esto ha llevado a una creciente polarización en la

sociedad, donde las divisiones entre diferentes sectores políticos se profundizan en lugar de fomentar la comprensión y el diálogo.

El Rol de la Educación y el Debate Público:
El debate sobre la libertad de expresión y el neo progresismo plantea preguntas sobre el papel de la educación y el debate público en la sociedad. Algunos argumentan que la universidad, en particular, ha sido objeto de críticas debido a la percepción de que se ha vuelto inhóspita para puntos de vista no alineados con la ideología progresista. Esto ha llevado a cuestionamientos sobre la importancia de la diversidad de pensamiento en los entornos académicos y la necesidad de fomentar el debate abierto y la crítica constructiva.

En resumen, el debate sobre la relación entre el neo progresismo y la libertad de expresión es complejo y con implicaciones significativas para la sociedad contemporánea. Si bien el movimiento progresista ha impulsado la lucha por la inclusión y la igualdad, se enfrenta a desafíos importantes en cuanto a cómo abordar las opiniones disidentes y promover un ambiente que fomente el respeto, el diálogo y la diversidad de perspectivas en una sociedad democrática. El equilibrio entre valores progresistas y derechos individuales continúa siendo un tema de debate y reflexión en el neo progresismo y en la sociedad en su conjunto.

2. Polarización Política: Desafíos de la Extremización

La polarización política es un aspecto fundamental y crítico en el debate en torno al neo progresismo. A pesar de que el movimiento ha buscado impulsar cambios sociales y promover una sociedad más justa, también ha sido señalado por su contribución a la creciente división en la sociedad. La polarización política plantea problemas significativos y tiene el potencial de obstaculizar la capacidad de la sociedad para encontrar soluciones prácticas y colaborativas a los desafíos que enfrenta.

La Extremización de las Posiciones:
Uno de los puntos más críticos en esta discusión es la adopción de posiciones extremas en cuestiones sociales y culturales. El neo progresismo, como cualquier movimiento político, no está exento de la tendencia a polarizar el debate al presentar cuestiones en términos de "correcto" o "incorrecto". La adopción de posturas extremas puede alienar a aquellos que tienen perspectivas diferentes y dificultar la colaboración en busca de soluciones equitativas y consensuadas.

División en la Sociedad:
La polarización política contribuye a la división en la sociedad. A medida que los sectores políticos se distancian más en cuestiones sociales y culturales, se crea una brecha que puede ser difícil de superar. Esta división no solo afecta la interacción entre ciudadanos, sino que también puede obstaculizar la capacidad de los políticos y legisladores para encontrar soluciones comunes en el ámbito gubernamental. Como resultado, la parálisis política puede convertirse en un obstáculo para abordar los desafíos más apremiantes que enfrenta la sociedad.

Debilitamiento del Diálogo y la Comprensión:
La polarización política no solo se manifiesta en la división de opiniones, sino que también debilita el diálogo y la comprensión mutua. La adopción de posiciones extremas puede llevar a la demonización de aquellos que tienen perspectivas diferentes, lo que dificulta la comunicación efectiva y el entendimiento. En lugar de abordar los matices y complejidades de los problemas sociales y políticos, la polarización tiende a simplificarlos en términos de "nosotros contra ellos".

El Desafío de la Colaboración:
El neo progresismo, al igual que otros movimientos políticos, se enfrenta al desafío de promover la colaboración y el diálogo constructivo. A medida que las posturas se vuelven más extremas, encontrar puntos de encuentro y soluciones prácticas se vuelve más difícil. La polarización política puede llevar a la parálisis gubernamental y a la falta de avance en cuestiones clave, desde la economía hasta la atención médica y la educación.

Repercusiones para la Sociedad: La Peligrosa Polarización Política
La polarización política tiene una serie de repercusiones significativas para la sociedad en su conjunto. Esta división creciente y la falta de colaboración entre diferentes sectores políticos generan una serie de desafíos que obstaculizan el progreso y socavan la capacidad de la sociedad para avanzar hacia un futuro más justo y equitativo. Las consecuencias de esta polarización pueden ser devastadoras, y es fundamental analizarlas detenidamente.

Obstaculización del Progreso:
Una de las repercusiones más evidentes de la polarización política es la obstaculización del progreso. Cuando los sectores políticos se distancian y adoptan posiciones extremas, se dificulta la capacidad de encontrar soluciones prácticas y colaborativas a los problemas más apremiantes de la sociedad. Esto se traduce en la parálisis política, en la que las decisiones importantes se

postergan o no se toman en absoluto, lo que afecta a áreas cruciales como la economía, la atención médica, la educación y la infraestructura.

Aumento de la Hostilidad y la Intolerancia:
La polarización también ha llevado a un aumento en la hostilidad y la intolerancia entre diferentes sectores de la sociedad. La retórica divisiva y polarizadora utilizada por algunos actores políticos y mediáticos ha contribuido a la creación de un ambiente en el que la demonización del "otro" se ha vuelto común. La deshumanización de aquellos con opiniones políticas diferentes no solo es perjudicial para el diálogo, sino que también fomenta la hostilidad y la confrontación en la sociedad.

Desconfianza en las Instituciones:
La polarización política también ha erosionado la confianza en las instituciones gubernamentales y en la democracia en sí. Cuando los ciudadanos perciben que las instituciones políticas están polarizadas y no pueden abordar eficazmente los problemas, se sienten desilusionados y desconfían de las mismas. Esto puede socavar la estabilidad de la democracia y la capacidad de las instituciones para funcionar de manera efectiva.

División de la Sociedad:
La polarización política divide a la sociedad en "bandos" políticos, lo que puede llevar a una profunda división entre amigos, familias y comunidades. La polarización puede resultar en relaciones personales fracturadas, lo que hace que el diálogo y la colaboración sean más difíciles de lograr. Esta división de la sociedad socava la cohesión social y puede tener un impacto duradero en la unidad de la sociedad.

Impedimentos para Enfrentar Desafíos Globales:
Además de sus efectos en la política nacional, la polarización también puede obstaculizar la capacidad de la sociedad para enfrentar desafíos globales, como el cambio climático, la pobreza y las crisis de salud pública. La falta de colaboración y consenso político puede hacer que la adopción de medidas efectivas sea más lenta y difícil, lo que afecta a la capacidad de la sociedad para abordar estos desafíos críticos.

La polarización política tiene repercusiones significativas y peligrosas para la sociedad en su conjunto. La obstaculización del progreso, el aumento de la hostilidad y la intolerancia, la desconfianza en las instituciones, la división de la sociedad y los impedimentos para enfrentar desafíos globales son solo algunas de las consecuencias que pueden resultar de la polarización política. En un momento en que la colaboración y la unidad son esenciales para abordar los desafíos sociales y políticos, la polarización se erige como una barrera significativa para el progreso y la cohesión social.

Capítulo 2: Los Fundamentos de los Movimientos Woke

En este capítulo, profundizaremos en los fundamentos teóricos de los movimientos woke, analizaremos su impacto en la cultura popular y exploraremos sus implicaciones en la política contemporánea. Para comprender plenamente esta ideología y sus implicaciones, es esencial adentrarnos en sus orígenes y fundamentos.

Los Fundamentos Teóricos del Woke

La ideología woke se basa en una serie de influencias teóricas que han moldeado su enfoque. Algunas de las corrientes más influyentes son:

El Activismo por los Derechos Civiles

El activismo por los derechos civiles en Estados Unidos, liderado por figuras como Martin Luther King Jr. y Malcolm X, sentó las bases fundamentales para la conciencia social y la lucha contra la discriminación racial, y tuvo un profundo impacto en los fundamentos del movimiento woke.

Martin Luther King Jr. abogó por la igualdad racial a través de la resistencia pacífica y la no violencia. Su famoso discurso "Tengo un sueño" es un símbolo de la lucha por la igualdad y la justicia. King y otros activistas de los derechos civiles lucharon por la abolición de las leyes de segregación racial y el reconocimiento de los derechos civiles y políticos de los afroamericanos. Su activismo contribuyó a la promulgación de la Ley de Derechos Civiles de 1964 y la Ley de Derecho al Voto de 1965 en Estados Unidos.

Malcolm X, por otro lado, adoptó una postura más radical en su lucha por los derechos de los afroamericanos. Abogó por la autodefensa y la resistencia contra la opresión racial. Su enfoque fue más confrontativo y apuntó a la construcción de una identidad y autoafirmación negra.

La influencia de estos movimientos en el pensamiento woke es innegable. La lucha por la justicia y la igualdad, y la conciencia de la discriminación racial sistémica, se han convertido en pilares centrales de la ideología woke. Los movimientos por los derechos civiles inspiraron la idea de que la sociedad debe esforzarse por eliminar la opresión y la discriminación arraigadas.

La Teoría Crítica

La teoría crítica, una corriente de pensamiento que se originó en la Escuela de Frankfurt en Alemania, ha ejercido un impacto significativo en el pensamiento woke. A lo largo de su evolución, la teoría crítica ha abordado una amplia gama de cuestiones relacionadas con las estructuras de poder y la opresión en la sociedad, y su rama de teoría crítica de la raza ha tenido una influencia profunda en el desarrollo del pensamiento woke.

En el contexto del movimiento woke, la teoría crítica de la raza se ha centrado en la crítica del racismo sistémico y otras formas de opresión arraigadas en la estructura misma de la sociedad. Esta perspectiva ha llevado a una mayor conciencia de la discriminación racial, la desigualdad y la necesidad de abordar estos problemas en todos los aspectos de la vida cotidiana. La teoría crítica de la raza ha desafiado la idea de que la igualdad formal es suficiente y ha subrayado la importancia de identificar y remediar las disparidades raciales que persisten en la sociedad.

Además, la teoría crítica ha influido en la crítica de las narrativas hegemónicas. En el contexto woke, se busca desafiar las narrativas dominantes que a menudo perpetúan prejuicios y estereotipos. La teoría crítica ha impulsado la importancia de dar voz a las personas y grupos marginados que históricamente han sido silenciados o ignorados. Esto se refleja en la promoción de la inclusión de perspectivas diversas en el discurso público y en la toma de decisiones.

La influencia de la teoría crítica en el pensamiento woke se ha traducido en una mayor conciencia y activismo en torno a cuestiones de justicia social, igualdad racial y lucha contra la discriminación sistémica. Ha llevado a la creación de movimientos que buscan abordar desafíos específicos relacionados con la raza y la opresión, como el movimiento Black Lives Matter. Además, ha generado un debate más amplio sobre la necesidad de reformas en instituciones clave, desde el sistema de justicia penal hasta la educación y la atención médica, con el objetivo de abordar las desigualdades arraigadas en la sociedad.

El Feminismo y los Estudios de Género

El feminismo y los estudios de género han desempeñado un papel crucial en la construcción de la ideología woke. Estos movimientos han luchado incansablemente por la igualdad de género y la exploración de las identidades de género, desafiando las normas tradicionales de género y destacando la importancia de la diversidad en la sociedad.

El Feminismo

El feminismo, en sus diversas olas y corrientes, ha sido una fuerza poderosa en la promoción de la igualdad de género. Desde su surgimiento en el siglo XIX hasta la lucha contemporánea, el feminismo ha abogado por el reconocimiento de los derechos y las oportunidades de todas las personas, independientemente de su género. El feminismo se ha centrado en desafiar la discriminación, la opresión y la desigualdad de género arraigadas en la sociedad.

El feminismo interseccional ha sido particularmente influyente en la ideología woke. Esta perspectiva reconoce que las experiencias de discriminación de las mujeres son moldeadas por factores interconectados como la raza, la clase social, la orientación sexual y la identidad de género. Esto ha llevado a una mayor conciencia de la necesidad de abordar múltiples formas de opresión de manera simultánea.

Los Estudios de Género

Los estudios de género han ampliado la comprensión de las identidades de género y han promovido la aceptación y la visibilidad de una amplia gama de identidades de género, yendo más allá de la tradicional dicotomía hombre-mujer. Estos estudios han cuestionado las construcciones sociales y culturales de género y han destacado la diversidad de experiencias de género.

La influencia de los estudios de género en la ideología woke se manifiesta en la promoción de la inclusión y la aceptación de todas las identidades de género. La lucha por los derechos de las personas transgénero, no binarias y de género diverso ha sido parte integral de la agenda woke, lo que ha contribuido a una mayor conciencia y respeto hacia la diversidad de experiencias de género.

El Movimiento LGBTQ+

La lucha por los derechos de la comunidad LGBTQ+ ha sido fundamental para el desarrollo de la ideología woke. Este movimiento ha trabajado incansablemente para promover la aceptación de la diversidad de orientaciones sexuales e identidades de género en la sociedad.
El activismo LGBTQ+ ha influido en la ideología woke al destacar la importancia de reconocer y respetar las identidades de género y las orientaciones sexuales diversas. La lucha por el matrimonio igualitario, la no discriminación y la visibilidad de las personas LGBTQ+ ha sido parte integral de la agenda woke.

La inclusión de las personas LGBTQ+ en el movimiento woke ha contribuido a una comprensión más amplia de la diversidad humana y ha promovido la aceptación de las personas independientemente de su orientación sexual o identidad de género.

El feminismo, los estudios de género y el movimiento LGBTQ+ han sido influencias significativas en la ideología woke. Han abogado por la igualdad de género, la aceptación de la diversidad de identidades de género y orientaciones sexuales, y la promoción de la inclusión en la sociedad. Estos movimientos han ampliado la conciencia social y han desafiado las normas tradicionales de género y sexualidad, contribuyendo al desarrollo de la ideología woke.

El Postcolonialismo y los Estudios Culturales en el Contexto Woke
El postcolonialismo y los estudios culturales son dos corrientes de pensamiento que han desempeñado un papel fundamental en la expansión y el enriquecimiento de la ideología woke. Estas perspectivas han ampliado el enfoque woke hacia la crítica de las narrativas hegemónicas y la representación cultural, y han destacado el impacto del colonialismo en la construcción de identidades culturales.

El Postcolonialismo
El postcolonialismo es un enfoque crítico que examina las consecuencias del colonialismo y la descolonización en las sociedades colonizadas y colonizadoras. Esta corriente de pensamiento ha llevado a una mayor conciencia de la importancia de reconocer y desafiar las estructuras de poder y opresión derivadas del colonialismo.

En el contexto woke, el postcolonialismo ha tenido un impacto significativo al resaltar cómo las narrativas eurocéntricas y occidentales han influido en la construcción de identidades culturales. Ha cuestionado las representaciones estereotipadas y a menudo despectivas de las culturas no occidentales en los medios de comunicación y la cultura popular.

El postcolonialismo también ha promovido la idea de que la igualdad y la justicia social deben extenderse más allá de las fronteras nacionales y culturales. Ha enfatizado la necesidad de reconocer y abordar las desigualdades globales que persisten como legado del colonialismo.

Los Estudios Culturales
Los estudios culturales se centran en el análisis crítico de la cultura, incluyendo la cultura popular, los medios de comunicación y la representación cultural. En el contexto woke, esta perspectiva ha contribuido a una crítica más profunda de

la representación cultural y la necesidad de promover narrativas más inclusivas y diversas.

Los estudios culturales han resaltado cómo las representaciones en los medios y la cultura popular pueden reflejar y perpetuar estereotipos, prejuicios y desigualdades. Han abogado por la importancia de una representación diversa que refleje la complejidad de la sociedad y promueva la inclusión.

La Influencia en la Cultura Popular y los Medios de Comunicación

Medios de Comunicación y Entretenimiento

La influencia de la ideología woke en los medios de comunicación y el entretenimiento es un fenómeno notable que ha transformado la cultura popular de manera significativa. En un esfuerzo por abrazar la representación diversa y promover la conciencia social, los medios han adoptado una serie de cambios notorios:

Representación Diversa: En películas, series de televisión, música y otros medios, se ha vuelto más común la inclusión de personajes y narrativas que abordan temas de justicia social y diversidad. Por ejemplo, "Black Panther," una película del universo cinematográfico de Marvel, ha sido ampliamente celebrada por su representación positiva de la comunidad afroamericana. La película no solo presenta un superhéroe negro, sino que también explora temas relacionados con la identidad cultural, la opresión y la lucha por la justicia.

Conciencia Social: Los medios de comunicación y el entretenimiento han asumido un papel activo en la promoción de la conciencia social. A través de la narrativa y la representación, se han abordado temas como el racismo, la discriminación de género, la igualdad de derechos y otras cuestiones relacionadas con la justicia social. Esto no solo ha aumentado la visibilidad de estas cuestiones, sino que también ha educado y sensibilizado al público en general.

Redes Sociales y Activismo en Línea

Las redes sociales y el activismo en línea han sido herramientas fundamentales para el movimiento woke. Han permitido la movilización y la concienciación sobre cuestiones sociales de manera sin precedentes. Algunos ejemplos notables de su impacto son:

Hashtag #BlackLivesMatter: El hashtag #BlackLivesMatter se ha convertido en un símbolo emblemático del movimiento contra la discriminación racial.

Surgió en respuesta a la violencia policial y la injusticia racial en Estados Unidos, pero rápidamente se convirtió en un movimiento global que ha desencadenado conversaciones sobre la injusticia racial a nivel mundial. Las redes sociales han permitido que las personas compartan sus experiencias, se unan en protestas y generen conciencia sobre la lucha por la igualdad.

Organización de Protestas: Las redes sociales han facilitado la organización de protestas y manifestaciones. Los activistas pueden utilizar plataformas como Facebook, Twitter e Instagram para difundir información sobre eventos, movilizar a participantes y coordinar acciones de protesta. Esto ha permitido que las voces de quienes buscan la justicia social sean amplificadas y escuchadas a nivel global.

Los medios de comunicación y el entretenimiento han respondido a la ideología woke al abrazar la representación diversa y promover la conciencia social en sus producciones. Las redes sociales y el activismo en línea, por su parte, han sido vitales en la difusión de mensajes woke y en la movilización de activistas para abogar por la justicia social y la igualdad. Estos cambios en los medios y la comunicación han contribuido a la construcción de un mundo más inclusivo y consciente de las cuestiones sociales.

Es innegable que la ideología woke ha tenido un impacto significativo en los medios de comunicación y el entretenimiento, así como en la movilización a través de las redes sociales.

Sin embargo, también es importante considerar que esta influencia no está exenta de críticas y desafíos que han surgido como resultado de su adopción generalizada. A continuación, se presentan algunas de las críticas y preocupaciones que se han planteado en relación con esta influencia:

Sesgo Ideológico en los Medios: A medida que los medios de comunicación y la industria del entretenimiento han abrazado la ideología woke, algunos críticos argumentan que esto ha llevado a un sesgo ideológico. Esto puede manifestarse en la promoción de ciertas perspectivas políticas y la exclusión de voces disidentes. Este sesgo puede socavar la objetividad periodística y la diversidad de opiniones, lo que a su vez puede limitar la calidad del periodismo y la representación equitativa en los medios.

Censura y Cancelación: La creciente conciencia social y la movilización en línea también han llevado a casos de censura y cancelación de figuras públicas y opiniones consideradas controvertidas. Aunque la ideología woke busca la justicia social, algunos críticos argumentan que la cultura de la cancelación puede coartar la libertad de expresión y limitar el debate abierto. La censura en nombre de la corrección política ha generado preocupaciones sobre la capacidad de la sociedad para discutir y abordar temas complejos y divisivos.

Reacciones Adversas y Polarización: A medida que la ideología woke ha ganado influencia en los medios y la cultura, también ha generado reacciones adversas y polarización. Algunas personas se sienten alienadas o se oponen a lo que perciben como un exceso de corrección política. Esto ha llevado a la creación de movimientos contrarios y al fortalecimiento de divisiones políticas y culturales, lo que a menudo dificulta el diálogo y la colaboración entre diferentes sectores de la sociedad.

Simplificación de Temas Complejos: Algunos críticos argumentan que la ideología woke puede simplificar temas complejos al reducirlos a narrativas binarias de buenos y malos. Esto puede limitar la comprensión de cuestiones sociales profundas y la consideración de soluciones equitativas y prácticas.

Incoherencia y Exceso: A medida que la ideología woke se ha vuelto más influyente, también ha habido casos de incoherencia y exceso en su aplicación. Algunos argumentan que las normas cambiantes y la **búsqueda excesiva de ofensas** pueden llevar a un ambiente de temor en el que las personas temen cometer errores inadvertidos.

Es importante reconocer que la influencia de la ideología woke en los medios y la comunicación no es uniforme, y las críticas mencionadas no se aplican a todos los casos ni a todos los aspectos de esta influencia. Sin embargo, es fundamental tener en cuenta estas preocupaciones y desafíos para fomentar un debate informado y un equilibrio entre la promoción de la justicia social y la garantía de los derechos individuales en la sociedad contemporánea. Las fuentes y ejemplos específicos de estas críticas se pueden encontrar en discusiones académicas, artículos periodísticos y debates públicos en curso.

Repercusiones en la Política

La influencia de la ideología woke en la política contemporánea es innegable, y ha dado lugar a una serie de repercusiones tanto en la formulación de políticas como en los debates públicos.

A continuación, desarrollaremos en detalle cada uno de los puntos mencionados:

Políticas de Identidad: En Estados Unidos, por ejemplo, leyes emblemáticas como la Ley de Derechos Civiles de 1964 y la Ley de Derechos Electorales de

1965 son ejemplos de legislación que promueve la igualdad y la inclusión. La Ley de Derechos Civiles de 1964 prohíbe la discriminación basada en la raza, el color, la religión, el sexo y el origen nacional en entidades públicas y privadas que ofrecen servicios públicos, lo que representa un hito importante en la lucha contra la discriminación racial y de género. La Ley de Derechos Electorales de 1965 se centró en eliminar las barreras al voto que afectaban desproporcionadamente a las minorías étnicas, asegurando que el proceso electoral fuera más equitativo y accesible.

Estas leyes han allanado el camino para una serie de políticas de identidad que buscan abordar la discriminación en diversas áreas, incluyendo el empleo, la vivienda, la educación y los servicios de salud. Además, han proporcionado herramientas legales para que las personas que enfrentan discriminación puedan buscar reparación y justicia.

En todo el mundo, diversas naciones han implementado políticas de identidad que buscan promover la igualdad y proteger los derechos de minorías y grupos marginados. Esto ha llevado a la promulgación de leyes que prohíben la discriminación y el acoso en el lugar de trabajo, así como medidas destinadas a garantizar la igualdad de género y la inclusión de personas LGBTQ+.

El movimiento woke ha contribuido a una mayor conciencia de la importancia de abordar la discriminación en todas sus formas y ha impulsado la promulgación de políticas de identidad que reflejan un compromiso con la igualdad y la justicia social. Sin embargo, estas políticas no están exentas de controversia y debate, y a menudo generan discusiones sobre cuestiones como la libertad de expresión y la protección de las minorías. La lucha por la igualdad a través de políticas de identidad continúa siendo un terreno de reflexión y acción en la sociedad actual.

Política de la Cancelación: La política de la cancelación, un fenómeno que se deriva en parte de la ideología woke, ha suscitado un debate complejo en la cultura y la política contemporánea. Si bien se presenta como una herramienta para responsabilizar a figuras públicas, empresas o productos por discursos o acciones considerados contrarios a la justicia social y la igualdad, su aplicación ha generado controversias y críticas significativas.
La cultura de la cancelación se ha manifestado a través de llamados al boicot o al repudio público de individuos o entidades que han expresado opiniones controvertidas o que han estado involucrados en comportamientos cuestionables. Si bien en algunos casos este movimiento ha tenido éxito en el sentido de que ha llevado a consecuencias profesionales para las personas o empresas en cuestión, su aplicación también ha suscitado preocupaciones legítimas y desafíos éticos.

Una de las principales áreas de debate que rodea a la cultura de la cancelación es la cuestión de la libertad de expresión. Por un lado, los defensores argumentan que esta cultura es una forma de ejercer la libertad de expresión al responsabilizar a quienes perpetúan discursos ofensivos o dañinos. Argumentan que la cancelación puede servir como un mecanismo de rendición de cuentas en un mundo donde las plataformas de medios sociales y la exposición mediática son inmensas.

Sin embargo, los críticos sostienen que la cancelación puede convertirse en un instrumento de censura social y puede tener un efecto paralizante en la libre expresión de ideas. Preocupaciones sobre la posibilidad de ser cancelado pueden llevar a la autocensura, donde las personas evitan discutir temas controvertidos o expresar opiniones divergentes por temor a represalias. Además, existe un debate sobre la proporcionalidad de las sanciones aplicadas a menudo en situaciones de cancelación. Algunos consideran que la pérdida de empleo o la destrucción de carreras profesionales puede ser desproporcionada en relación con la ofensa original.

Otro tema crítico es la cuestión de quién tiene el poder y la autoridad para determinar qué opiniones o acciones merecen ser canceladas. En muchas ocasiones, la cancelación se lleva a cabo a través de la presión en las redes sociales, lo que plantea preguntas sobre si un grupo o comunidad debe tener el poder de determinar las consecuencias de las acciones de alguien. Esto ha llevado a debates sobre si la cultura de la cancelación refleja un juicio moral colectivo o si es susceptible de abuso y arbitrariedad.

En resumen, la cultura de la cancelación, derivada de la ideología woke, ha tenido un impacto significativo en la cultura y la política, generando un debate acalorado sobre la libertad de expresión, las consecuencias de las opiniones controvertidas y el poder de la opinión pública. Aunque se ha utilizado para responsabilizar a quienes promueven discursos dañinos, su aplicación y efectos han suscitado críticas y preguntas profundas sobre su rol en la sociedad contemporánea.

Debates sobre la Historia y la Educación: Los debates sobre la historia y la educación son una parte fundamental de la influencia de los movimientos woke en la sociedad contemporánea. Estos movimientos han impulsado una reevaluación crítica de la forma en que se enseña y se presenta la historia en el ámbito educativo y en la esfera pública en general. A continuación, se explorarán en detalle estos debates, destacando tanto sus aspectos positivos como las falencias que algunas críticas han señalado.

-1. La Reevaluación de la Historia:

Uno de los aspectos más notorios de la influencia de los movimientos woke en la educación es la reevaluación de la historia. Se ha promovido una revisión crítica de cómo se presenta la historia, en particular, la historia de las minorías étnicas y marginadas. Este enfoque busca corregir narrativas históricas sesgadas y resaltar eventos y figuras que han sido pasados por alto. Esta corrección histórica es fundamental para promover una comprensión más completa y justa del pasado.

-2. La Lucha contra el Racismo y la Discriminación:

La influencia del wokismo en la educación también ha llevado a un énfasis en la lucha contra el racismo y la discriminación en el aula. Los movimientos woke han promovido una mayor conciencia de las estructuras de poder y opresión que han marcado la historia, lo que ha llevado a la inclusión de temas como el racismo sistémico en el currículo escolar. La intención es empoderar a los estudiantes para comprender y abordar cuestiones de justicia social.

-3. Desafíos y Críticas:

Sin embargo, la influencia del wokismo en la educación no está exenta de desafíos y críticas. Algunos argumentan que este enfoque puede llevar a una simplificación excesiva de la historia o a la promoción de una agenda política específica. También se han planteado preocupaciones sobre la censura y la limitación de la libertad de expresión en el aula, ya que algunos consideran que ciertos temas pueden ser tabú o controvertidos. Estos desafíos plantean preguntas importantes sobre cómo equilibrar la revisión histórica crítica con la promoción de la diversidad de opiniones en el ámbito educativo.

-4. La Participación de los Estudiantes:

La influencia del wokismo en la educación también ha llevado a un mayor énfasis en la participación de los estudiantes. Se fomenta el diálogo abierto y el debate constructivo en el aula, lo que permite a los estudiantes explorar perspectivas diversas y formar sus propias opiniones. Esto es esencial para el desarrollo de habilidades de pensamiento crítico y ciudadanía activa.

-5. Reflexiones Finales:

Los debates sobre la historia y la educación son una parte esencial de la influencia de los movimientos woke en la sociedad. Si bien la reevaluación crítica de la historia y la lucha contra el racismo y la discriminación son aspectos valiosos, es importante abordar las críticas y desafíos de manera constructiva para garantizar un equilibrio entre la revisión histórica justa y la promoción de la diversidad de opiniones en el ámbito educativo.

Revisión de Figuras Históricas y Monumentos: Uno de los aspectos más visibles de los debates sobre la historia y la educación es la revisión de figuras históricas y monumentos que conmemoran a individuos con un legado controvertido. Por ejemplo, se han planteado interrogantes sobre la presencia de estatuas de líderes confederados en el sur de Estados Unidos. La discusión gira en torno a si estos monumentos deberían ser retirados o reubicados debido a su asociación con la defensa de la esclavitud y la segregación racial. La perspectiva woke ha influido en la reconsideración de estos símbolos históricos y ha llevado a decisiones diversas en diferentes comunidades.

Nombres de Calles y Escuelas: Otro aspecto relevante es la discusión sobre nombres de calles y escuelas relacionados con figuras históricas controvertidas. La propuesta de cambiar el nombre de calles, escuelas u otras instituciones que conmemoran a personas con un legado problemático ha suscitado debates acalorados. Se plantea la cuestión de si estas acciones son un paso hacia la promoción de una narrativa más inclusiva y precisa de la historia, o si pueden ser percibidas como revisionismo histórico.

Programas de Estudio: Los movimientos woke también han influido en la forma en que se diseñan los programas de estudio en instituciones educativas. Se ha promovido una mayor inclusión de la historia de las minorías y las luchas por la igualdad en los planes de estudio. Esto significa abordar temas como la historia de la lucha por los derechos civiles, el activismo feminista, la historia de los pueblos indígenas y otros aspectos de la historia que a menudo han sido marginados o minimizados en la educación tradicional. El objetivo es proporcionar una visión más completa y precisa de la historia.

Falencias y Críticas: A pesar de los esfuerzos por promover una historia más inclusiva, la influencia de los movimientos woke en la educación también ha sido objeto de críticas y preocupaciones. Algunos argumentan que existe un riesgo de excesiva politización de la enseñanza de la historia, lo que podría llevar a una representación sesgada de eventos históricos y la omisión de aspectos importantes. También se ha argumentado que la cancelación de figuras históricas problemáticas puede privar a los estudiantes de la oportunidad de comprender el contexto histórico en el que vivieron esas figuras y cómo la sociedad ha evolucionado desde entonces.

Los debates sobre la historia y la educación impulsados por los movimientos woke han llevado a una reconsideración crítica de la forma en que se enseña y se presenta la historia. Si bien existe un deseo legítimo de promover una narrativa más inclusiva y precisa, estas discusiones también han suscitado preocupaciones sobre la politización de la enseñanza de la historia y la omisión de aspectos importantes. El equilibrio entre representar la historia con precisión y considerar su contexto histórico y social sigue siendo un desafío importante en la educación contemporánea.

Evaluación Crítica: La evaluación crítica de la ideología woke es un tema complejo y de suma relevancia, ya que se debate sobre la relación entre la conciencia social y la garantía de la libertad de expresión. Aunque esta ideología ha tenido un impacto positivo en la promoción de la igualdad y la justicia social, también ha generado críticas fundamentadas que merecen un análisis profundo. A continuación, se profundizará en las críticas más relevantes a la perspectiva woke y se discutirá la complejidad de hallar un equilibrio entre la conciencia social y la libertad de expresión.

Fragmentación y Jerarquía de Opresión: Una de las críticas más recurrentes a la perspectiva woke es que la identificación y el énfasis en las diferencias y la interseccionalidad de las identidades pueden resultar en una fragmentación excesiva de la sociedad. La subdivisión de la sociedad en grupos identitarios puede llevar a una jerarquía de opresión, donde ciertos grupos son percibidos como más oprimidos que otros. Esto a su vez puede generar tensiones y divisiones, ya que diferentes grupos compiten por la atención y los recursos. Si bien la intención es promover la igualdad, algunas críticas sostienen que esto puede tener efectos paradójicos al destacar y perpetuar las diferencias en lugar de fomentar la unidad y la solidaridad.

Libertad de Expresión vs. Valores Progresistas: El equilibrio entre la conciencia social y la garantía de la libertad de expresión es una cuestión crucial en la ideología woke. Si bien busca promover la igualdad y la inclusión, la aplicación de esta perspectiva puede generar debates y controversias en cuanto a cuándo la protección de los derechos individuales choca con la promoción de valores progresistas. La cancelación de figuras públicas o la censura de opiniones controversiales pueden ser interpretadas como limitaciones a la libertad de expresión. La dificultad radica en definir dónde se encuentra el límite entre la crítica legítima y la intolerancia, y quién debe tener la autoridad para establecer ese límite. La percepción de que solo una narrativa "correcta" debe ser defendida ha llevado a críticas que argumentan que la perspectiva woke utiliza tácticas punitivas en lugar de fomentar el diálogo y la comprensión.

Dificultad en el Diálogo y la Colaboración: Otra crítica importante es que la ideología woke ha contribuido a la polarización en la sociedad. La adopción de posiciones extremas en cuestiones sociales y culturales puede dificultar el diálogo y la colaboración entre diferentes sectores políticos. Esto puede llevar a una parálisis política y a un ambiente en el que las soluciones prácticas se vuelven más difíciles de alcanzar. En lugar de fomentar el debate y la búsqueda de puntos en común, la polarización a menudo resulta en la demonización de los puntos de vista contrarios, lo que dificulta la construcción de consensos y la resolución de problemas importantes.

Capítulo 3: Críticas al Neo Progresismo y los Movimientos Woke

El neo progresismo y los movimientos woke han generado un intenso debate en la sociedad contemporánea. Aunque han sido elogiados por su compromiso con la justicia social y la igualdad, también han recibido críticas significativas en varios aspectos. En este capítulo, exploraremos algunas de las críticas más prominentes y las preocupaciones expresadas por diversos sectores de la sociedad.

Libertad de Expresión y Cancelación:

La crítica a los movimientos woke y progresistas en lo que respecta a la libertad de expresión y la cultura de la cancelación es un tema que merece un análisis más profundo y extenso, ya que presenta importantes implicaciones para la sociedad actual. Si bien es cierto que estos movimientos han surgido con la intención de promover la inclusión y la igualdad, el enfoque extremo en la corrección política y la cancelación de opiniones disidentes ha generado una serie de problemas significativos.

La cultura de la cancelación, como se mencionó anteriormente, ha llevado a la pérdida de empleos y oportunidades para personas de diferentes profesiones que han expresado opiniones consideradas políticamente incorrectas. Esto plantea una pregunta fundamental: ¿hasta qué punto se debe permitir que las opiniones controvertidas sean expresadas antes de que se justifique una acción punitiva?

El problema radica en la subjetividad de determinar qué constituye una opinión ofensiva o inaceptable. Lo que puede considerarse inapropiado para una persona podría ser una expresión legítima de opinión para otra. La ambigüedad en la definición de lo que se considera "políticamente correcto" deja un amplio margen para la censura y la represión de la libertad de expresión. En última instancia, esto puede llevar a un ambiente de autocensura, donde las personas evitan expresar opiniones sinceras por temor a las represalias.

Un ejemplo notable de este fenómeno se puede encontrar en la esfera académica, donde algunos profesores se han enfrentado a críticas y sanciones por discutir temas controvertidos en el aula. La cancelación de conferenciantes invitados y la retirada de invitaciones a eventos académicos son ejemplos concretos de cómo la corrección política puede limitar la diversidad de ideas y el debate necesario para una educación completa.

Otro aspecto crítico es que esta cultura de la cancelación no fomenta el diálogo abierto y la comprensión mutua. En lugar de abordar y refutar argumentos y opiniones contrarias, se opta por el ostracismo y la exclusión. Esto perpetúa la polarización y la división en la sociedad, en lugar de promover la tolerancia y la aceptación de la diversidad de pensamiento.

La cultura de la cancelación a nivel laboral y empresarial

La cultura de la "cancelación" ha generado un profundo debate y ha sido objeto de críticas tanto en el ámbito de los movimientos neo progresistas como en la sociedad en general. Aunque el objetivo inicial de esta cultura es promover la responsabilidad y la rendición de cuentas, también ha suscitado preocupaciones legítimas sobre sus implicaciones para la libertad de expresión y el diálogo abierto en la sociedad.

Una de las principales críticas a la cultura de la cancelación es que, en lugar de promover el debate y la comprensión mutua, tiende a imponer una única narrativa o visión "correcta" de los problemas. Esta visión restrictiva puede llevar a una atmósfera de conformidad forzada en la que las opiniones disidentes son castigadas en lugar de debatidas. Esto plantea la preocupación de que, en lugar de fomentar el respeto y la tolerancia, la cultura de la cancelación puede crear una sociedad en la que la gente tenga miedo de expresar opiniones que difieran de las consideradas políticamente correctas.

La cultura de la "cancelación" ha tenido un impacto significativo en la vida de individuos y empresas, generando preocupación en torno a sus implicaciones para la libertad de expresión y la tolerancia a las opiniones diversas. Ejemplos de cancelación se pueden encontrar en diversos contextos y han suscitado debates sobre cuándo y cómo se debe aplicar esta táctica.
Un ejemplo destacado de cancelación a nivel de individuos es el caso de James Damore, un ingeniero de Google que fue despedido en 2017 después de escribir un memorando interno que abordaba cuestiones de diversidad de género en la empresa. Si bien su opinión generó controversia, su despido fue percibido por algunos como una medida extrema en lugar de una respuesta

adecuada a un debate en curso sobre la igualdad de género en la industria tecnológica.

En el ámbito empresarial, un ejemplo relevante es el de Chick-fil-A, una cadena de restaurantes de comida rápida. La empresa fue criticada y enfrentó boicots por donar a organizaciones conservadoras que se oponían al matrimonio entre personas del mismo sexo. Esto llevó a manifestaciones y llamados a la cancelación de la empresa, aunque también generó apoyo por parte de grupos conservadores. Este caso ilustra cómo la cultura de la cancelación puede llevar a divisiones y confrontaciones en lugar de promover un diálogo constructivo.

La cancelación de celebridades también ha sido un tema candente. Por ejemplo, el comediante Kevin Hart renunció a presentar los premios Oscar después de que se resurgieran tuits antiguos con contenido considerado homofóbico. Aunque Hart se disculpó por sus comentarios anteriores, el episodio puso de manifiesto la rapidez con la que las redes sociales y la cultura de la cancelación pueden tener un impacto en la vida profesional de una persona.

Los ejemplos de cancelación muestran cómo esta práctica puede tener consecuencias significativas para individuos y empresas. Si bien la rendición de cuentas y la promoción de una sociedad más inclusiva son objetivos válidos, la forma en que se aplica la cancelación y las consecuencias desproporcionadas que a veces conlleva plantean preguntas críticas sobre cómo equilibrar la responsabilidad con la libertad de expresión y el respeto por la diversidad de opiniones.

Es fundamental reconocer que la libertad de expresión no es un derecho absoluto y que existen límites legítimos, como la incitación al odio y la violencia. Sin embargo, el equilibrio entre la promoción de valores progresistas y la garantía de los derechos individuales es una cuestión crucial y compleja. La crítica constructiva y el respeto por la libertad de expresión son esenciales para el progreso y el desarrollo sostenible de cualquier sociedad. La falta de este equilibrio puede llevar a la supresión de la diversidad de pensamiento y a la erosión de uno de los pilares fundamentales de una sociedad libre y democrática.

En resumen, aunque los movimientos woke y progresistas han promovido importantes valores como la inclusión y la justicia social, su enfoque en la corrección política y la cultura de la cancelación ha generado críticas válidas que plantean serias preocupaciones en torno a la libertad de expresión y el debate abierto en la sociedad contemporánea. La complejidad de encontrar un equilibrio adecuado entre la promoción de valores progresistas y la garantía de los derechos individuales exige una reflexión cuidadosa y un enfoque equilibrado para abordar estos desafíos.

Polarización Política por causa de los movimientos woke y neo progresistas :

La polarización política en Estados Unidos y América Latina ha sido influenciada por los movimientos woke y neo progresistas en diversos aspectos. Aunque no son los únicos factores que contribuyen a la polarización, estos movimientos han promovido posturas extremas en cuestiones sociales y culturales que han exacerbado las divisiones políticas.

Estados Unidos:
En Estados Unidos, los movimientos woke y neo progresistas han contribuido a la polarización política en varios temas. Por ejemplo, la cuestión de la corrección política y la libertad de expresión ha generado una polarización significativa. La cancelación de figuras públicas y la revisión de obras literarias o históricas han llevado a debates acalorados.

Un ejemplo destacado es el debate sobre los monumentos y estatuas de figuras históricas controvertidas. Movimientos neo progresistas han abogado por la eliminación de monumentos de figuras como Cristóbal Colón o líderes confederados debido a su legado problemático. Esto ha llevado a resistencia por parte de grupos conservadores que argumentan que la eliminación de estos monumentos equivale a borrar la historia y la herencia cultural. Como resultado, se ha generado un enfrentamiento político en torno a la preservación o eliminación de estos monumentos, lo que contribuye a la polarización.

Además, la polarización se ha reflejado en la política de identidad. Los movimientos woke han abogado por políticas de identidad que buscan abordar la discriminación y promover la igualdad, lo que ha llevado a debates sobre cuestiones como el género y la orientación sexual. Por ejemplo, la discusión sobre los derechos de baño para personas transgénero ha generado divisiones políticas significativas.

América Latina:
En América Latina, la polarización política también se ha agravado por los movimientos woke y neo progresistas. Por ejemplo, Argentina se han producido conflictos políticos entre movimientos de izquierda en contra de los opositores conservadores.

El caso de Argentina ofrece otro ejemplo de cómo los movimientos woke y progresistas pueden contribuir a la polarización política y a actos de violencia en la sociedad. Argentina ha experimentado un aumento en la participación de manifestaciones y marchas relacionadas con cuestiones progresistas, tales como los derechos de género, la diversidad sexual, y la justicia social.

Sin embargo, algunas de estas manifestaciones han derivado en episodios de violencia y vandalismo. En ocasiones, grupos radicales que se adhieren a la ideología woke han participado en actos de violencia durante las marchas. Estos actos incluyen el vandalismo de edificios históricos, la quema de contenedores de basura y confrontaciones con la policía.

Un ejemplo concreto de esto ocurrió en marzo de 2021, durante una manifestación en Buenos Aires en el Día Internacional de la Mujer. Si bien la marcha tenía como objetivo principal abogar por los derechos de género y la igualdad, algunas facciones radicales llevaron a cabo actos de vandalismo, incendiando contenedores de basura , además de vehículos particulares y dañando propiedades privadas. Estos eventos provocaron una fuerte reacción y generaron debate en la sociedad argentina sobre la violencia en el contexto de las manifestaciones progresistas.

Este tipo de incidentes muestra cómo la polarización y la radicalización pueden ocurrir en el contexto de los movimientos woke y progresistas, a pesar de sus objetivos iniciales de promover la justicia social y la igualdad. Además, han llevado a una mayor división en la sociedad argentina entre aquellos que apoyan estas manifestaciones y aquellos que condenan los actos de violencia asociados con ellas. La polarización política y social resultante ha hecho que sea más difícil encontrar soluciones prácticas a los problemas que estas manifestaciones buscan abordar, lo que resalta una de las principales críticas a los movimientos woke y progresistas en América Latina y en otros lugares.

En conclusión, los movimientos woke y neo progresistas han influido en la polarización política en Estados Unidos y América Latina al promover posturas extremas en cuestiones sociales y culturales. Esto ha dificultado el diálogo y la colaboración entre diferentes sectores políticos, lo que ha llevado a la parálisis política y ha hecho que las soluciones prácticas sean más difíciles de alcanzar. Aunque estos movimientos pueden promover cambios positivos en la sociedad, es importante considerar cómo su enfoque en la polarización política puede obstaculizar el progreso y la colaboración en beneficio de la sociedad en su conjunto.

Capítulo 4: El Debate sobre la Identidad y la Raza

El debate sobre la identidad y la raza es un tema de vital importancia en la conversación actual sobre el neo progresismo y los movimientos woke. Este capítulo se enfoca en analizar las tensiones y contradicciones que han surgido en este contexto, centrándose en cómo estos movimientos han afectado la percepción de la identidad y la raza de manera negativa. Es fundamental comprender que, si bien estos movimientos han tenido impactos positivos en la lucha contra la discriminación racial y la promoción de la diversidad, también han generado preocupaciones legítimas que merecen ser abordadas.

Reconociendo la Importancia de la Diversidad y la Equidad: Un Análisis Más Profundo

Los movimientos neo progresistas y woke han desempeñado un papel fundamental en la sociedad contemporánea al destacar la importancia de la diversidad y la equidad. Estos movimientos han abierto un espacio crucial para la discusión y el avance de temas relacionados con la justicia social, poniendo énfasis en la necesidad de reconocer y abordar la discriminación y el racismo sistémico. Su influencia ha sido evidente en la promoción de la visibilidad de las minorías étnicas y raciales, así como en la lucha contra la opresión de larga data que han enfrentado estas comunidades. Sin embargo, es importante analizar críticamente algunos aspectos de estos movimientos, especialmente en lo que respecta a la imposición de ideales de género y sexualidad en las personas, incluyendo a los los más jóvenes.

El movimiento woke ha sido un impulsor clave de la conciencia y la acción contra la discriminación racial y étnica. Han promovido la idea de que todas las personas, independientemente de su origen, deben tener las mismas oportunidades y ser tratadas con justicia y dignidad. Esto es un avance importante en la construcción de una sociedad más justa y equitativa. Sin embargo, donde surgen críticas incisivas es en el aspecto de la imposición de ideales de género y sexualidad en la sociedad.

La imposición de ideales de género y sexualidad en las personas, incluyendo a los los más jóvenes, es un punto de controversia en el movimiento woke. Algunos críticos argumentan que la rigidez con la que se promueven ciertos ideales puede limitar la libertad individual y la diversidad de opiniones. La inclusión y la equidad no deberían significar la imposición de un conjunto particular de creencias o valores sobre la sexualidad y el género. Es fundamental que se respete la diversidad de opiniones y experiencias en estos temas, permitiendo a las personas desarrollar sus propias identidades y comprender su sexualidad de manera libre y auténtica.

En particular, la imposición de ideales de género y sexualidad en los los más jóvenes ha generado preocupación en algunos sectores. Aunque es importante promover una educación inclusiva y respetuosa en materia de diversidad sexual y de género, es igualmente importante evitar que esta educación se convierta en una imposición de un único conjunto de valores. La infancia es una etapa de descubrimiento y desarrollo, y es esencial que los niños puedan explorar y entender su identidad de género y sexual de manera libre, sin sentirse presionados por un conjunto de normas predefinidas.

En este sentido, es necesario fomentar un diálogo abierto y constructivo en la sociedad que permita abordar estas cuestiones con sensibilidad y respeto por la diversidad de perspectivas. La imposición de ideales de género y sexualidad puede generar resistencia y reacciones negativas, lo que a menudo obstaculiza el avance de otros aspectos igualmente cruciales del movimiento woke, como la lucha contra la discriminación racial y étnica.

Si bien los movimientos neo progresistas y woke han desempeñado un papel importante al destacar la importancia de la diversidad y la equidad, es fundamental analizar críticamente su enfoque en la imposición de ideales de género y sexualidad. La inclusión y la equidad no deben significar la imposición de un conjunto único de creencias, sino más bien la promoción de un diálogo respetuoso que permita a las personas, incluyendo a los los más jóvenes, explorar y comprender su identidad de género y sexual de manera libre y auténtica. Este análisis más profundo puede contribuir a un movimiento woke más efectivo y respetuoso de la diversidad de perspectivas en la sociedad.

El Riesgo de Reduccionismo:

A medida que los movimientos neo progresistas y woke han ganado influencia y visibilidad en la sociedad, han surgido críticas destacadas que se centran en un riesgo latente: *el peligro del reduccionismo*. Si bien estos movimientos han desempeñado un papel importante al destacar problemas de discriminación y racismo sistémico, es esencial analizar críticamente el riesgo inherente de simplificar en exceso la identidad y la raza, lo que a menudo reduce a las personas a meras categorías raciales. Esta simplificación puede resultar en la falta de reconocimiento de la diversidad y complejidad de las experiencias individuales, y puede tener efectos negativos en la promoción de una sociedad verdaderamente inclusiva y equitativa.

Uno de los argumentos más fuertes contra el movimiento woke es que a veces cae en el reduccionismo, lo que significa que se tiende a ver a las personas únicamente a través del prisma de su origen racial o étnico. Esta perspectiva simplista, aunque bien intencionada, puede ser peligrosa, ya que ignora el hecho de que cada persona es única y que su identidad y experiencias son el resultado de una interacción compleja de factores. Reducir a las personas a categorías raciales puede llevar a una percepción errónea de su identidad y, en última instancia, va en contra del objetivo de promover una sociedad en la que cada individuo sea tratado como un ser humano completo, sin ser reducido a estereotipos raciales.

El peligro del reduccionismo se manifiesta en varios aspectos del movimiento woke. En algunos casos, la simplificación de la identidad y la raza puede llevar a la asunción de que todas las personas que comparten un origen étnico o racial tienen experiencias idénticas o comparten opiniones y valores similares. Esto es una suposición errónea que ignora las diferencias individuales y puede ser perjudicial, ya que fomenta la generalización y la homogeneización de grupos étnicos y raciales, en lugar de abrazar la diversidad de experiencias y perspectivas que existen dentro de estas comunidades.

El reduccionismo también puede influir en la cultura de cancelación, en la que se castiga a las personas por opiniones o acciones que no se alinean completamente con las opiniones predominantes en el movimiento woke. Esta cultura de cancelación puede ser perjudicial para el diálogo abierto y el debate en la sociedad, ya que desalienta la expresión de opiniones diferentes y promueve un ambiente de miedo y autocensura.

Otro aspecto crítico del reduccionismo es su impacto en la educación. Al simplificar la identidad y la raza, el movimiento woke puede impulsar la enseñanza de una historia y una narrativa únicas que no reflejan la complejidad de la sociedad. Esto puede llevar a una falta de equilibrio y una visión sesgada de la historia y la cultura, lo que no es beneficioso para una educación completa y enriquecedora.

En resumen, aunque el movimiento woke ha desempeñado un papel importante en la concienciación sobre la discriminación y el racismo sistémico, es esencial abordar críticamente el riesgo de reduccionismo. La simplificación excesiva de la identidad y la raza puede socavar los objetivos de inclusión y equidad al no reconocer la diversidad y complejidad de las experiencias individuales. En lugar de reducir a las personas a categorías raciales, es crucial abogar por una comprensión más matizada y respetuosa de la diversidad, y promover el diálogo abierto y el debate constructivo en la sociedad.

Polarización y División:

A pesar de sus intenciones nobles de promover la igualdad y la justicia social, la retórica y el enfoque de algunos activistas han llevado a una confrontación innecesaria y a la percepción de que aquellos que no comparten ciertas opiniones son automáticamente etiquetados como racistas o insensibles. Este enfoque, en lugar de unir a las personas en la búsqueda de soluciones, puede generar una narrativa de "nosotros contra ellos" que no solo socava el diálogo abierto y constructivo, sino que también obstaculiza la colaboración y la comprensión mutua.

La polarización y división que puede surgir a raíz del movimiento woke es especialmente preocupante en un momento en el que se necesita unidad y cooperación para abordar los problemas sociales y raciales de manera efectiva. En lugar de fomentar un ambiente en el que se pueda debatir y discutir abiertamente sobre cuestiones complejas relacionadas con la raza y la identidad, algunos activistas woke han optado por una retórica que parece buscar la confrontación en lugar de la comprensión mutua. Esto puede tener el efecto contrario al deseado, ya que aleja a muchas personas que podrían estar dispuestas a apoyar la lucha contra la discriminación racial si se sintieran incluidas y escuchadas en lugar de ser etiquetadas y juzgadas.

El enfoque en la polarización también puede dar lugar a una dinámica de "cancelación", en la que se excluye y se condena públicamente a aquellos que no se alinean completamente con las opiniones predominantes del movimiento woke. Esto puede tener consecuencias perjudiciales, ya que desalienta la expresión de opiniones diferentes y promueve un ambiente de miedo y autocensura. En lugar de fomentar un debate saludable y el respeto por la diversidad de perspectivas, la cancelación puede crear un clima de intolerancia y división.

Además, la polarización y división pueden llevar a un estancamiento en la promoción de la igualdad y la justicia social. En lugar de construir puentes y buscar soluciones pragmáticas, el enfoque en la confrontación puede desviar la atención de cuestiones importantes y reales que requieren atención y acción inmediata. La lucha contra la discriminación y el racismo sistémico es un desafío complejo que requiere un enfoque colaborativo y un esfuerzo conjunto de la sociedad en su conjunto. La polarización y la división pueden ser obstáculos significativos en la búsqueda de soluciones efectivas.

El Riesgo de Reacciones Negativas:

En primer lugar, es importante reconocer que las conversaciones sobre identidad y raza son cruciales en la lucha por la igualdad y la justicia social. El reconocimiento de las disparidades y la discriminación racial es un paso fundamental hacia la corrección de desigualdades sistémicas. Sin embargo, es igualmente importante abordar cómo estas conversaciones se llevan a cabo y cómo pueden influir en la percepción de ciertos individuos.

Uno de los principales desafíos es que algunos individuos pueden sentirse amenazados por las conversaciones sobre el privilegio blanco, la justicia racial y otros temas relacionados con la raza. Esto puede deberse a una variedad de factores, como el temor a ser etiquetados como racistas o insensibles, o la percepción de que están siendo culpados por la discriminación histórica. En lugar de abrir un diálogo constructivo, esto puede llevar a que las personas se cierren y se sientan alienadas por las discusiones.

Este fenómeno se refleja en la creciente polarización de la sociedad en torno a estos temas. En lugar de fomentar un diálogo respetuoso y la búsqueda de soluciones compartidas, la retórica a menudo confrontativa y acusatoria puede llevar a una mayor división. Las personas que no se sienten cómodas participando en estas conversaciones pueden sentirse excluidas o incluso hostigadas.

Para que el movimiento woke avance de manera efectiva, es fundamental encontrar formas de abordar estos temas de manera que sean inclusivas y que permitan a las personas de diferentes perspectivas participar en la conversación de manera abierta y respetuosa. Esto implica adoptar un enfoque más educativo que acusatorio, donde se fomente la comprensión mutua y la empatía en lugar de la culpabilización.

Además, es importante destacar que no todas las personas que expresan reacciones negativas lo hacen por motivos egoístas o racistas. Algunos pueden tener preguntas legítimas o inquietudes sobre ciertos aspectos de la retórica woke, y es importante no desestimar sus preocupaciones de manera automática. Un enfoque más comprensivo y respetuoso puede abrir la puerta a un diálogo más efectivo y, potencialmente, a una mayor aceptación de las cuestiones de identidad y raza.

En resumen, mientras que el movimiento woke ha desempeñado un papel importante en la concienciación sobre cuestiones de raza e identidad, es fundamental reconocer el riesgo de reacciones negativas que su enfoque a veces puede generar. En lugar de alienar a las personas, el movimiento debe aspirar a involucrar a aquellos que puedan sentirse amenazados o alienados por estas conversaciones, y buscar formas de promover un diálogo respetuoso y constructivo que fomente la comprensión mutua y la búsqueda de soluciones compartidas.

Capítulo 5: El Debate sobre la Educación sexual y la imposición de ideologías de género

La introducción de ideologías de género en el ámbito educativo ha generado un amplio debate en la sociedad contemporánea. Si bien la educación sexual es una parte importante de la formación integral de los estudiantes, la imposición de ciertas ideologías de género provenientes de movimientos woke y neo progresistas puede tener consecuencias negativas que merecen una consideración crítica y reflexiva.

El Riesgo de Sesgo Ideológico en la Educación Primaria: Una Profunda Preocupación

Uno de los temas más debatidos y complejos en el ámbito de la educación es el riesgo de sesgo ideológico al introducir ciertas perspectivas de género en el currículo educativo. Sin duda, es esencial abordar la diversidad de identidades de género y orientaciones sexuales en las escuelas para promover la inclusión y la igualdad. Sin embargo, la preocupación radica en cómo se presenta y se enseña esta información, ya que la imposición de un marco ideológico particular puede tener consecuencias significativas.

En primer lugar, es importante reconocer que la educación es una herramienta poderosa para la formación de las mentes jóvenes. Los estudiantes son altamente influenciables y, por lo tanto, la información que se les proporciona en la escuela puede tener un impacto duradero en su visión del mundo y en sus creencias. Cuando se introduce una perspectiva ideológica específica en la educación, existe el riesgo real de presentar la información de manera sesgada. Esto significa que en lugar de ofrecer una visión equilibrada y objetiva de las cuestiones relacionadas con el género y la sexualidad, la educación puede inclinarse hacia una única perspectiva, lo que se asocia comúnmente con el pensamiento de género.

Este sesgo ideológico puede limitar la diversidad de ideas en el aula y, lo que es aún más preocupante, puede llevar a la percepción de que una única perspectiva es la "correcta". En lugar de fomentar el pensamiento crítico y la exposición a una variedad de perspectivas, la imposición de una ideología particular puede conducir a que los estudiantes asuman acríticamente un conjunto específico de creencias. Esto va en contra del propósito fundamental de la educación, que debería ser empoderar a los estudiantes para que desarrollen sus propios criterios, piensen de manera crítica y estén expuestos a diversas perspectivas para que puedan formarse opiniones informadas.

Otro riesgo importante se relaciona con el hecho de que la educación no es solo un proceso individual, sino también una experiencia comunitaria. Cuando se introduce una ideología particular en el currículo, puede alienar a ciertos padres, tutores y miembros de la comunidad educativa que no están de acuerdo con la perspectiva impuesta. Esto puede generar conflictos y tensiones innecesarias, lo que no es beneficioso para el proceso educativo ni para el ambiente escolar en general.

Además, la educación primaria debería centrarse en proporcionar a los estudiantes las habilidades y los conocimientos fundamentales necesarios para su desarrollo integral, sin convertirse en un espacio de adoctrinamiento ideológico. La imposición de una perspectiva particular puede desviar la atención de la enseñanza de habilidades académicas esenciales y de la adquisición de conocimientos básicos. Esto podría tener consecuencias negativas en el futuro de los estudiantes, ya que podrían salir de la escuela con brechas de conocimiento en otras áreas fundamentales.

El riesgo de sesgo ideológico en la educación es una preocupación legítima y compleja. Si bien es fundamental abordar la diversidad de identidades de género y orientaciones sexuales, es crucial hacerlo de manera equilibrada y respetuosa, sin imponer una ideología particular. La educación debe ser un espacio de pensamiento crítico, diversidad de ideas y desarrollo de habilidades, y no un vehículo para la promoción de una perspectiva ideológica específica. El objetivo final debe ser proporcionar a los estudiantes las herramientas necesarias para comprender el mundo de manera completa y tomar decisiones informadas a medida que crecen.

Desatención de la Diversidad de Opiniones

Uno de los aspectos más polémicos y debatidos en la educación contemporánea es la imposición de ideologías de género, a menudo provenientes de movimientos woke y neo progresistas, y cómo esta imposición puede llevar a la desatención de la diversidad de opiniones sobre estos temas. Si bien es esencial abordar la diversidad de identidades de género y orientaciones sexuales, es crucial analizar críticamente cómo este enfoque puede afectar la promoción de un diálogo abierto y respetuoso en el ámbito educativo y permitir que los estudiantes exploren una variedad de perspectivas.

La educación debe ser un espacio en el que se fomente el pensamiento crítico y la capacidad de los estudiantes para cuestionar y reflexionar sobre diferentes perspectivas. Sin embargo, la imposición de una única ideología en el aula puede tener efectos negativos en este proceso. En lugar de empoderar a los estudiantes para que desarrollen sus propios criterios y piensen de manera crítica, esta imposición puede llevar a que los puntos de vista disidentes sean silenciados o marginados.

Un riesgo evidente es que, al introducir una perspectiva ideológica particular en la educación, se corre el peligro de presentar la información de manera sesgada. Esto puede llevar a que los estudiantes no sean expuestos a una gama completa de perspectivas y, en lugar de eso, reciban una visión unilateral de los temas relacionados con el género y la sexualidad. El resultado es una limitación de la diversidad de ideas en el aula, lo que va en contra del objetivo fundamental de la educación de promover la diversidad de pensamiento y la exploración de distintas perspectivas.

Este sesgo ideológico también puede crear un ambiente donde los puntos de vista disidentes sean excluidos o estigmatizados. Los estudiantes que no están de acuerdo con la perspectiva impuesta pueden sentirse inseguros al expresar sus opiniones, lo que va en contra del principio de la educación como un espacio donde se fomente la libre expresión y el intercambio de ideas. Además, la marginación de opiniones disidentes puede llevar a que los estudiantes desarrollen una visión unidimensional y acrítica de los temas de género y sexualidad.

La desatención de la diversidad de opiniones también puede tener un impacto en la relación entre la educación y la sociedad. Los padres, tutores y miembros de la comunidad educativa que no están de acuerdo con la ideología impuesta pueden sentirse excluidos del proceso educativo de sus hijos, lo que genera conflictos innecesarios y tensión en la relación entre la escuela y la comunidad.

El Impacto de los Movimientos Woke en la Educación Sexual: Riesgos y Preocupaciones

La inclusión de ciertas perspectivas de género en la educación sexual ha sido un tema recurrente en el debate público en los últimos años. Aunque la educación sexual es una parte esencial de la formación de los jóvenes, la imposición de ideologías de género a través de este medio plantea una serie de riesgos y preocupaciones que merecen un análisis más profundo.

Uno de los principales riesgos es la politización de la educación sexual. Si bien es importante que los estudiantes tengan acceso a información precisa y objetiva sobre su salud sexual y reproductiva, la introducción de ideologías de género puede llevar a que los aspectos educativos se mezclen con agendas políticas y sociales. Esto puede dar lugar a un currículo que no solo se centra en aspectos médicos y biológicos, sino que también aborda cuestiones relacionadas con la identidad de género y las orientaciones sexuales desde una perspectiva ideológica particular.

La politización de la educación sexual puede generar resistencia y rechazo por parte de ciertos padres, tutores y miembros de la comunidad educativa que no están de acuerdo con la perspectiva ideológica impuesta en el currículo. La educación sexual debe ser un área donde se promueva la cooperación y el entendimiento entre la escuela y la comunidad, pero la politización puede dar lugar a conflictos innecesarios que dificultan la relación entre ambas partes.

Otro punto de preocupación es la objetividad de la información proporcionada en la educación sexual. La inclusión de perspectivas ideológicas específicas puede llevar a que la información se presente de manera sesgada, en lugar de manera equilibrada y objetiva. Esto va en contra del propósito fundamental de la educación, que debería ser proporcionar a los estudiantes datos precisos y no sesgados sobre su salud sexual y reproductiva, permitiéndoles tomar decisiones informadas.

Además, la politización y la introducción de ideologías de género en la educación sexual pueden desviar la atención de la enseñanza de habilidades esenciales para la salud sexual, como la prevención de enfermedades de transmisión sexual, la anticoncepción y las relaciones saludables. Estos son temas que deberían ser tratados de manera integral en la educación sexual, y la inclusión de perspectivas ideológicas puede reducir el tiempo y los recursos dedicados a estos aspectos prácticos.

La preocupación también radica en la capacidad de los estudiantes para formar sus propias opiniones y criterios. La educación sexual debe empoderar a los jóvenes para que tomen decisiones informadas sobre su salud y relaciones, y la introducción de una ideología específica puede limitar su capacidad para desarrollar su propio juicio y pensamiento crítico.

¿Por qué el movimiento WOKE quiere imponer la ideología de género en la mente de los los más jóvenes?

El cuestionamiento sobre por qué el movimiento woke busca imponer la ideología de género en la mente de los los más jóvenes es un tema que ha generado un debate profundo y polarizado. Mientras que los defensores de esta perspectiva argumentan que se trata de promover la inclusión y la igualdad, los críticos plantean una serie de preocupaciones legítimas que vale la pena explorar en detalle.

Sin duda, una de las principales preocupaciones de aquellos que se oponen a la imposición de la ideología de género en la educación infantil es la cuestión de la objetividad. La educación, especialmente en las etapas iniciales, debe ser un espacio donde se promueva la neutralidad y la exposición a una variedad de perspectivas. Sin embargo, en muchos casos, la enseñanza de la ideología de género se realiza desde una única perspectiva ideológica, sin tener en cuenta las opiniones o valores de los padres, tutores y miembros de la comunidad educativa. Esto plantea cuestiones fundamentales sobre la imparcialidad de la educación y si es apropiado que la escuela asuma la responsabilidad de inculcar una ideología particular en los niños.

El riesgo de falta de objetividad es significativo, ya que la educación debe proporcionar información precisa y equilibrada. La imposición de una única perspectiva ideológica en la educación infantil puede llevar a que la información se presente sesgada, lo que va en contra del propósito fundamental de la educación de ofrecer una visión imparcial y completa de las cuestiones que se tratan. Esto plantea interrogantes sobre la responsabilidad de la educación de respetar la diversidad de opiniones y valores en una sociedad democrática.

Otra preocupación importante es la desviación de la atención de la educación infantil de su objetivo principal: el aprendizaje y la adquisición de habilidades esenciales. Los críticos argumentan que la educación infantil debe centrarse en proporcionar a los estudiantes las bases académicas necesarias, como la lectura, la escritura y las matemáticas, para su crecimiento y éxito. La imposición de la ideología de género, al enfocarse en aspectos ideológicos y políticos, puede desviar recursos y tiempo de estos aspectos académicos fundamentales.

La educación infantil es una etapa crucial para el desarrollo de habilidades cognitivas y académicas. Desviar la atención hacia la promoción de una ideología en particular puede ser perjudicial para los estudiantes, ya que puede llevar a la pérdida de tiempo valioso en su formación académica.

Además, la imposición de la ideología de género puede afectar negativamente la libertad de pensamiento y expresión de los niños. La educación debería fomentar la capacidad de los estudiantes para desarrollar sus propias opiniones y criterios, cuestionar y analizar ideas, y promover el pensamiento crítico. Sin embargo, cuando se enseña una única perspectiva ideológica, se puede desalentar a los niños a pensar críticamente y a cuestionar las ideas presentadas. Esto va en contra del propósito de la educación de empoderar a los estudiantes para que sean ciudadanos informados y con la capacidad de tomar decisiones informadas.

Finalmente, la imposición de la ideología de género en la educación infantil puede generar resistencia por parte de padres y tutores que no comparten esta perspectiva ideológica. La educación debería ser un área en la que la colaboración entre la escuela y la comunidad sea efectiva, y la imposición de ideologías puede crear conflictos innecesarios y socavar la relación entre ambas partes. La falta de diálogo y colaboración puede tener un impacto negativo en la experiencia educativa de los niños y en la relación entre la escuela y la comunidad.

Otro punto importante es que la ideología de género es un tema profundamente polarizado y controvertido en la sociedad actual. La imposición de esta ideología en la educación infantil puede exacerbar estas divisiones y crear una dinámica de "nosotros contra ellos", en lugar de promover el diálogo abierto y respetuoso.

La imposición de la ideología de género en la educación infantil plantea una serie de preocupaciones, desde la falta de objetividad y la desviación de la atención de aspectos académicos esenciales hasta la limitación de la libertad de pensamiento y la resistencia por parte de la comunidad educativa. El debate en torno a este tema es complejo y merece un análisis crítico y equilibrado para garantizar que la educación infantil siga siendo un espacio de aprendizaje y desarrollo sin sesgos ideológicos.

Capítulo 6: Los nuevos partidos políticos y los movimientos Woke

La influencia de los movimientos woke y progresistas en el ámbito político no ha pasado desapercibida en la última década. La sociedad contemporánea se caracteriza por una creciente concienciación sobre temas relacionados con la justicia social, la igualdad de género, los derechos de las minorías y la diversidad. Movimientos como Black Lives Matter, el feminismo moderno, y la lucha por los derechos LGBTQ+ han ganado notoriedad y han llevado estas cuestiones al centro del debate público.

En este contexto, algunos partidos políticos han reconocido el poder y la movilización de estos movimientos, y han buscado afiliarse a sus principios y agendas como una estrategia para ganar adeptos y aumentar su representación en los gobiernos y parlamentos. Este capítulo se centra en el análisis de este fenómeno y sus implicaciones, explorando en mayor profundidad cómo los partidos políticos se han involucrado con los movimientos woke y progresistas.

Ejemplos de Partidos Políticos que se Nutren de los Movimientos Woke y Progresistas:

Partido Demócrata de los Estados Unidos: En los Estados Unidos, el Partido Demócrata ha adoptado ciertos aspectos de la agenda progresista en temas como el cambio climático, la justicia racial y de género. Políticos como Alexandria Ocasio-Cortez y Elizabeth Warren han ganado relevancia en el partido con plataformas alineadas con las preocupaciones de los movimientos progresistas.

La Francia Insumisa: En Francia, La Francia Insumisa es un partido de izquierda liderado por Jean-Luc Mélenchon, que ha incorporado elementos de la retórica woke y progresista en su discurso, especialmente en lo que respecta a la justicia social y la igualdad de género.

Podemos en España: Podemos es un partido político español que se ha inspirado en la agenda progresista y las luchas sociales, buscando abordar temas como la desigualdad económica y la inclusión de diversas identidades de género y orientaciones sexuales.

Movimiento al Socialismo (MAS) en Bolivia: El MAS, liderado por Evo Morales, ha abogado por una plataforma de izquierda que incluye la promoción de derechos indígenas, la justicia social y la igualdad de género. Aunque su foco principal ha estado en temas económicos y de justicia social, también han abrazado elementos de la agenda progresista en cuestiones de diversidad cultural y de género.

Frente Amplio en Uruguay: El Frente Amplio es una coalición de partidos de izquierda en Uruguay. Han promovido políticas progresistas en temas como derechos de las minorías, igualdad de género y diversidad sexual. Durante su gobierno, Uruguay aprobó leyes de matrimonio igualitario y regulación del cannabis, entre otras.

Estos partidos y movimientos políticos en América Latina han adoptado diferentes elementos de la agenda woke y progresista en respuesta a las demandas de una base de votantes movilizada por temas de justicia social y equidad. La incorporación de estas perspectivas en sus plataformas políticas refleja la influencia global de los movimientos progresistas y woke en la política contemporánea.

Implicaciones negativas:

La afiliación de partidos políticos a los movimientos woke y progresistas puede tener ventajas en términos de movilización y crecimiento de la base de votantes, pero también plantea una serie de implicaciones negativas importantes que merecen ser consideradas en profundidad:

Polarización y División: (Mencionado varias veces en el desarrollo del libro)
La adopción de las agendas de estos movimientos por parte de los partidos políticos puede contribuir significativamente a la polarización y división en la sociedad. La retórica centrada en temas identitarios y sociales a menudo lleva a una mayor confrontación y dificulta el diálogo con sectores de la población que se sienten alienados o en desacuerdo con estas perspectivas. La polarización no solo dificulta la colaboración y la comprensión mutua, sino que también puede llevar a un estancamiento en la promoción de políticas y reformas necesarias. La sociedad se vuelve cada vez más fragmentada, lo que no es beneficioso para la construcción de consensos y soluciones efectivas.

Falta de Enfoque en Temas Económicos:
La "Falta de Enfoque en Temas Económicos" es una implicación negativa significativa de la afiliación de partidos políticos a movimientos woke y

progresistas, ya que tiende a desviar la atención de cuestiones económicas y políticas públicas esenciales. Esta desatención de los asuntos económicos y su impacto en la vida cotidiana de la población es un problema que debe ser abordado con profundidad.

Para entender mejor esta implicación, consideremos un ejemplo concreto. Imagina un partido político que, al alinearse fuertemente con un movimiento woke, se enfoca principalmente en cuestiones identitarias y sociales, como la diversidad de género, la igualdad de género y la inclusión. A pesar de que estos temas son importantes, el partido puede perder de vista asuntos económicos fundamentales, como el desempleo, la estabilidad económica y la seguridad social.

En esta situación, la falta de atención a las cuestiones económicas podría tener un impacto negativo directo en la vida de los ciudadanos. Por ejemplo, si el partido no prioriza la creación de empleo o la estabilidad del mercado laboral, los ciudadanos pueden encontrarse en una situación económica precaria, con dificultades para encontrar trabajo o mantener sus empleos actuales. Esto podría resultar en un aumento del desempleo o en la inseguridad laboral, lo que afectaría negativamente la calidad de vida de la población y su bienestar económico.

Además, la falta de enfoque en cuestiones económicas críticas podría tener implicaciones en la seguridad social. Si un partido político no aborda adecuadamente la sostenibilidad de los sistemas de seguridad social, como las pensiones o los programas de asistencia, los ciudadanos podrían enfrentar dificultades para acceder a servicios de salud, cuidado de niños o jubilación digna.

La deuda nacional es otro tema que puede pasar desapercibido cuando los partidos se centran en cuestiones identitarias. Una deuda nacional creciente puede afectar la capacidad del gobierno para invertir en programas y servicios esenciales, lo que a su vez puede aumentar la carga fiscal para los ciudadanos o llevar a recortes en servicios públicos críticos.

Percepción de Extremismo:
La "Percepción de Extremismo" es una implicación importante de la afiliación de partidos políticos a movimientos woke y progresistas en América Latina, como Argentina, y se refleja en la percepción de la población de que estos partidos han adoptado posiciones radicales que pueden alejar a votantes moderados. Veamos ejemplos de situaciones en Argentina para ilustrar esta implicación.

En Argentina, en los últimos años, se ha observado cómo algunos partidos políticos han abrazado con fuerza las agendas de movimientos woke y progresistas. Por ejemplo, han respaldado políticas de género y diversidad sexual que han sido consideradas por algunos sectores de la población como radicales. Estas políticas incluyen la promoción de la igualdad de género, la inclusión de las personas LGBTQ+ y el acceso a servicios de salud reproductiva.

Estas políticas, aunque cuentan con un amplio apoyo en ciertos sectores, han generado controversia y división en la sociedad argentina. Por ejemplo, la legalización del aborto en Argentina en 2020 fue una medida que generó debates apasionados y polarización en la sociedad. Si bien para algunos sectores esta medida representa un avance hacia la igualdad de género y los derechos reproductivos, para otros sectores, especialmente aquellos con visiones más conservadoras, se percibe como un extremo que va en contra de sus valores y creencias.

La percepción de extremismo en este contexto se ha manifestado en forma de resistencia y desacuerdo por parte de ciudadanos que se sienten políticamente moderados o independientes. Al considerar que los partidos políticos han abrazado una agenda radical, estos votantes pueden optar por no apoyar a esos partidos en elecciones nacionales. Esto puede debilitar la representación democrática y fomentar una mayor polarización en el espectro político.

Además, la percepción de extremismo en los partidos políticos puede llevar a la falta de diálogo y colaboración entre los diferentes sectores de la sociedad argentina. En lugar de buscar soluciones y consensos en temas clave, como la economía, la seguridad y la educación, los partidos políticos pueden verse atrapados en debates ideológicos que no conducen a mejoras concretas en la vida de los ciudadanos.

Estancamiento Legislativo:
El "Estancamiento Legislativo" es una implicación crítica de la afiliación de partidos políticos a movimientos woke y progresistas en América Latina. Esta situación se refleja en la parálisis del proceso legislativo debido a la concentración de esfuerzos en cuestiones identitarias y sociales en detrimento de otras cuestiones que requieren una acción legislativa inmediata. Exploremos más a fondo esta implicación y proporcionemos ejemplos concretos en el contexto latinoamericano.

En varios países de América Latina, se ha observado que algunos partidos políticos han priorizado temas identitarios y sociales, influenciados por movimientos woke y progresistas, en detrimento de asuntos económicos o políticas públicas fundamentales. Por ejemplo, la discusión sobre cuestiones de género, diversidad sexual y derechos humanos ha dominado la agenda política en algunos países, desviando la atención de temas económicos como la inflación, el desempleo o la seguridad pública.

Un ejemplo destacado es Argentina, donde la legalización del aborto en 2020 generó un debate político intenso y polarizado, consumiendo una cantidad significativa de tiempo y recursos del Congreso. Mientras que este tema es importante para muchos, el intenso debate sobre la legalización del aborto dejó en segundo plano otros asuntos económicos y de política pública que también requerían atención urgente. La discusión sobre la economía, la seguridad o la educación se vio relegada, lo que impidió que se tomaran decisiones efectivas en estas áreas.

Este estancamiento legislativo no solo afecta la capacidad del Congreso o Parlamento para abordar los problemas apremiantes, sino que también puede llevar a una falta de confianza por parte de la población en el sistema político. Los ciudadanos pueden percibir que sus representantes no están cumpliendo con sus responsabilidades de manera efectiva, lo que socava la gobernabilidad y la capacidad del gobierno para abordar problemas fundamentales.
El estancamiento legislativo también puede tener un impacto en la implementación de políticas públicas y en la respuesta del gobierno a situaciones de crisis. Por ejemplo, en un contexto de pandemia, donde la toma de decisiones ágil es esencial, el enfoque excesivo en cuestiones identitarias puede ralentizar la capacidad del gobierno para responder de manera efectiva a emergencias de salud pública u otras crisis.

La Alienación de la Base Política:
La afiliación a movimientos woke y progresistas ha marcado un cambio significativo en la dinámica política de muchos países, pero conlleva el riesgo de alienar a una parte de la base de un partido político. Los votantes que han respaldado tradicionalmente a un partido pueden sentirse desencantados o traicionados si perciben que el partido ha abandonado sus valores fundamentales en favor de agendas ideológicas más radicales. Esta alienación no solo tiene el potencial de erosionar el apoyo electoral, sino que también socava la cohesión interna del partido.

Uno de los desafíos más evidentes es que la adhesión a las ideologías woke y progresistas a menudo se traduce en una agenda política más radical y alejada de las posiciones tradicionales de un partido. Los votantes que han confiado en un partido durante años o incluso décadas pueden sentir que su fidelidad se ve traicionada cuando perciben que la dirección del partido ha abrazado agendas que consideran extremas o incompatibles con sus valores políticos y morales.

Esta alienación puede resultar en una pérdida de apoyo electoral sustancial. Los votantes desencantados pueden optar por no votar o, en su lugar, respaldar a partidos o candidatos de la oposición que se adhieren más estrechamente a sus valores políticos tradicionales. Esto puede llevar a una disminución significativa en los resultados electorales del partido que se ha inclinado hacia agendas más radicales, lo que a su vez puede tener un impacto en la capacidad del partido para implementar sus políticas y alcanzar sus objetivos.

La alienación de la base también puede generar divisiones internas en el partido. A medida que los miembros de la base tradicional expresan su descontento con las nuevas orientaciones ideológicas del partido, se pueden producir tensiones y conflictos internos. Estos conflictos pueden debilitar la cohesión del partido y dificultar la toma de decisiones efectivas. La falta de unidad dentro del partido puede minar su capacidad para presentar una plataforma sólida y coherente a los votantes, lo que a su vez puede socavar aún más su apoyo electoral.

Por otro lado, es importante tener en cuenta que la adhesión a movimientos woke y progresistas también puede atraer a nuevos votantes y activistas que se identifican con estas agendas más radicales. Esto crea un dilema para los partidos políticos, ya que deben equilibrar la retención de su base tradicional con la necesidad de atraer a nuevos votantes y activistas. En este contexto, la alienación de la base se convierte en un desafío delicado que requiere una gestión cuidadosa por parte de los líderes del partido.

En resumen, la alienación de la base de un partido político es un riesgo inherente cuando se abrazan agendas ideológicas más radicales, como las promovidas por los movimientos woke y progresistas. Esta alienación puede resultar en una pérdida de apoyo electoral, divisiones internas y una disminución en la capacidad del partido para alcanzar sus objetivos. Los partidos políticos se enfrentan a la tarea de equilibrar la evolución ideológica con la necesidad de mantener la cohesión y el apoyo de su base tradicional.

En resumen, la afiliación de partidos políticos a movimientos woke y progresistas puede tener consecuencias negativas significativas, incluyendo la polarización, la falta de enfoque en cuestiones económicas, la percepción de extremismo, el estancamiento legislativo y la alienación de parte de la base. Estas implicaciones subrayan la importancia de un enfoque equilibrado y pragmático en la política, que atienda tanto a cuestiones sociales como a los desafíos económicos y políticos fundamentales que enfrenta la sociedad.

Capítulo 7: Marketing y Wokismo: La Relación Controversial

La relación entre el marketing y el wokismo es un fenómeno notable en la sociedad contemporánea. A simple vista, estos dos conceptos pueden parecer opuestos, ya que el marketing se ha centrado tradicionalmente en la promoción de productos y la maximización de beneficios, mientras que el wokismo se enfoca en la justicia social, la igualdad y la concienciación de cuestiones sociales. Sin embargo, esta aparente contradicción ha dado lugar a una relación compleja y multifacética que ha generado impactos tanto positivos como negativos en la sociedad.

En primer lugar, es fundamental reconocer que el marketing ha sabido adaptarse a las tendencias woke de manera efectiva. Las empresas y las marcas han reconocido el poder de la conciencia social y la inclusión en la toma de decisiones de los consumidores, y han incorporado estas tendencias en sus estrategias comerciales. Esto ha llevado a campañas publicitarias que abordan cuestiones de diversidad, equidad y justicia social. Por un lado, esto ha contribuido a dar visibilidad a temas importantes que a menudo se pasaban por alto, lo que ha sido un impacto positivo en la sociedad. La publicidad woke ha ayudado a aumentar la concienciación sobre la discriminación, la inclusión de minorías y la igualdad de género.

No obstante, este enfoque del marketing también ha generado críticas y preocupaciones.

Algunos argumentan que, en muchos casos, estas campañas son superficiales y están diseñadas principalmente para capitalizar las tendencias woke y aumentar las ventas. La acusación de "lavado de cara" se ha convertido en un término común para describir estas estrategias, ya que a menudo carecen de un compromiso genuino con los valores de equidad y justicia social. Esta estrategia puede resultar en una percepción negativa por parte de los consumidores, quienes pueden sentir que se les manipula o explota con fines comerciales.

En última instancia, la relación entre el marketing y el wokismo en la sociedad contemporánea es una dinámica compleja. Si bien ha contribuido a dar visibilidad a cuestiones importantes y a aumentar la concienciación, también ha generado críticas sobre su autenticidad y el potencial de explotación comercial. La relación en constante evolución entre el marketing y el wokismo plantea desafíos significativos para las empresas y las marcas, así como para la sociedad en su conjunto, a medida que buscan un equilibrio entre la promoción de valores de justicia social y la maximización de beneficios.

El Lado Negativo

El lado negativo de la relación entre el marketing y el wokismo en la sociedad contemporánea es una faceta que ha generado importantes críticas y preocupaciones. Uno de los aspectos más controvertidos se refiere a la autenticidad de las empresas y las marcas en la adopción de la conciencia social y la inclusión en sus estrategias comerciales. Muchas críticas sostienen que muchas de estas campañas son superficiales y diseñadas principalmente para capitalizar las tendencias woke y aumentar las ventas, lo que a menudo se percibe como una explotación comercial de cuestiones serias y complejas.

La acusación de "lavado de cara" es una crítica que ha ganado terreno de manera significativa contra las marcas que incorporan el wokismo en su estrategia de marketing. Esta crítica apunta a la percepción de que muchas de estas estrategias de marketing no están respaldadas por un compromiso genuino con los valores de equidad y justicia social, sino que se centran en mejorar la imagen de la empresa y aumentar sus ganancias. La falta de autenticidad en estas campañas ha llevado a la generación de un cinismo generalizado entre los consumidores, quienes pueden sentir que se están aprovechando de sus valores y preocupaciones para fines comerciales.

Uno de los principales problemas que subyace en esta crítica es la idea de que las empresas están utilizando cuestiones sociales y políticas sensibles como una mera estrategia de relaciones públicas para proyectar una imagen de responsabilidad social sin un compromiso real detrás de ella. En lugar de abrazar estas cuestiones desde un deseo genuino de cambio y mejora, se percibe que las empresas están capitalizando oportunidades para atraer a un público que valora la justicia social y la equidad.

Este cinismo puede ser especialmente perjudicial para las marcas, ya que mina la confianza del consumidor. Cuando los consumidores sienten que las empresas están utilizando el wokismo como una táctica de marketing superficial, pueden volverse escépticos acerca de su sinceridad y pueden cuestionar la autenticidad de sus acciones. Esto puede llevar a una disminución en la lealtad del consumidor y en la percepción positiva de la marca.

Otro aspecto importante es que esta crítica puede erosionar el impacto positivo que el wokismo en el marketing podría tener en la sociedad. Si las marcas son percibidas como motivadas únicamente por la maximización de beneficios y no por un compromiso genuino con la justicia social, esto puede trivializar cuestiones importantes y socavar la importancia de abordar la discriminación y la desigualdad.

La apropiación cultural es un aspecto problemático del marketing woke que ha generado una serie de críticas y preocupaciones significativas. En este contexto, algunas marcas han sido acusadas de utilizar símbolos culturales o políticos sin una comprensión profunda de su significado, lo que puede ser percibido como insensible o incluso ofensivo. Este tipo de apropiación cultural implica que las marcas utilizan elementos de una cultura diferente de la suya para sus propios fines, sin un respeto adecuado por la historia, los valores y las tradiciones de esa cultura.

Uno de los problemas más destacados de la apropiación cultural es que puede trivializar y simplificar cuestiones culturales que a menudo son intrincadas y de gran importancia para las comunidades que las originaron. Esto puede llevar a una falta de respeto por las identidades culturales y puede dar lugar a estereotipos perjudiciales. Cuando las marcas utilizan elementos culturales de manera superficial o sin un entendimiento profundo de su contexto y significado, pueden perpetuar estereotipos dañinos y socavar la importancia de proteger y respetar las identidades culturales.

En muchos casos, las marcas pueden evitar la apropiación cultural tomando medidas para comprender y respetar el contexto cultural en el que operan. Esto implica una investigación cuidadosa y la consulta con expertos y miembros de la comunidad cuya cultura está en juego. El respeto a la diversidad y la promoción de la autenticidad son fundamentales para evitar problemas de apropiación cultural en el marketing woke.

La simplificación excesiva de problemas complejos es una crítica fundamental que se relaciona directamente con la incorporación de cuestiones sociales en el marketing woke. Este problema radica en el hecho de que la comercialización tiende a traducir cuestiones profundas y multidimensionales en mensajes simplificados que no reflejan adecuadamente la complejidad de las desigualdades y la discriminación. Esta simplificación excesiva tiene el potencial de socavar la comprensión adecuada de estos temas y de obstaculizar la toma de medidas efectivas para abordarlos.

Una de las principales consecuencias de esta simplificación excesiva es que puede llevar a la percepción errónea de que los problemas sociales son más simples de lo que realmente son. La realidad es que las cuestiones de desigualdad, discriminación y justicia social son extremadamente complejas y multifacéticas. No se pueden reducir a mensajes publicitarios o eslóganes simplificados sin perder gran parte de su profundidad y matices. Cuando el marketing woke simplifica en exceso estas cuestiones, se corre el riesgo de que el público perciba erróneamente que los problemas sociales se pueden resolver fácilmente o que no son tan serios como en realidad son.

Esta percepción errónea puede tener consecuencias significativas. En primer lugar, puede generar complacencia en lugar de acción. Si se simplifican los problemas sociales de manera que parezcan resolubles con soluciones rápidas, se puede desincentivar a las personas y a las instituciones a tomar medidas reales para abordar estas cuestiones de manera efectiva. Además, puede llevar a la minimización de los desafíos reales que enfrentan las comunidades afectadas por la discriminación y la desigualdad.

Otro riesgo asociado con la simplificación excesiva es que puede reducir la profundidad del diálogo y la discusión sobre estos temas. En lugar de fomentar una comprensión más rica y completa de las cuestiones sociales, el marketing woke puede llevar a debates superficiales que no abordan los problemas de manera efectiva. La simplificación excesiva también puede conducir a la polarización, ya que no refleja la riqueza de matices y perspectivas que son necesarios para encontrar soluciones significativas.

En resumen, si bien el marketing woke ha contribuido a dar visibilidad a cuestiones sociales importantes y a aumentar la concienciación, su lado negativo se manifiesta en la falta de autenticidad, la apropiación cultural, la simplificación excesiva de problemas y el riesgo de explotación comercial. La relación entre el marketing y el wokismo plantea desafíos significativos para las empresas y las marcas, ya que deben ser extremadamente cuidadosas para abordar estas cuestiones de manera genuina y sensible, evitando la percepción de que están aprovechándose de una tendencia para fines comerciales.

La Comercialización del Wokismo: Entre la Sensibilización y la Estrategia Corporativa

El wokismo, un término que se refiere a la conciencia social sobre cuestiones de justicia, igualdad y diversidad, se ha convertido en un fenómeno global de importancia innegable. La creciente conciencia de estas cuestiones ha llevado a un mayor escrutinio sobre cómo las empresas y marcas se posicionan en temas de inclusión y equidad. En un esfuerzo por responder a las expectativas de una sociedad cada vez más crítica y sensibilizada con estas cuestiones, muchas empresas han adoptado estrategias de marketing para mostrar su compromiso con el wokismo. Sin embargo, esta convergencia entre el activismo social y la estrategia corporativa no está exenta de controversia y desafíos.

Por un lado, la incorporación de valores wokistas en las estrategias de marketing de las empresas puede tener un impacto positivo en la sociedad. Al dar visibilidad a cuestiones de justicia, igualdad y diversidad, las empresas pueden contribuir a aumentar la concienciación pública y a promover un diálogo más amplio sobre estas cuestiones. Además, pueden influir en la percepción y las actitudes de sus consumidores, inspirándolos a considerar cuestiones de inclusión y equidad en su toma de decisiones.

Sin embargo, esta integración del wokismo en el marketing también ha generado críticas y preocupaciones significativas. Una de las críticas más comunes es la de la autenticidad. Muchos argumentan que, en algunos casos, las estrategias de marketing wokistas son superficiales y diseñadas principalmente para capitalizar las tendencias sociales y aumentar las ganancias. Esto ha llevado al término "lavado de cara", que describe el uso de cuestiones sociales como una táctica de relaciones públicas para mejorar la imagen de una empresa, en lugar de representar un compromiso genuino con la justicia social.

Además, existe una preocupación legítima sobre la apropiación cultural y la simplificación excesiva de cuestiones complejas. Algunas marcas han sido acusadas de utilizar símbolos culturales sin entender profundamente su significado, lo que puede ser percibido como insensible u ofensivo. Además, la comercialización de cuestiones sociales a menudo simplifica problemas multidimensionales, lo que puede llevar a una comprensión errónea de la complejidad de las desigualdades y la discriminación.

Ejemplos de Marketing Woke

El marketing woke se ha convertido en una estrategia prominente para muchas empresas que buscan conectar con una audiencia cada vez más consciente de las cuestiones de justicia social y equidad. A continuación, analizamos algunos ejemplos notables de marketing woke que han captado la atención de la sociedad.

Nike y el Apoyo a Colin Kaepernick: Uno de los ejemplos más icónicos de marketing woke fue la campaña de Nike con el exjugador de la NFL, Colin Kaepernick. Kaepernick se convirtió en un símbolo de la protesta contra la injusticia racial al arrodillarse durante el himno nacional de Estados Unidos. Nike respaldó abiertamente a Kaepernick a pesar de la controversia, lanzando una campaña que presentaba su rostro con el lema "Cree en algo. Incluso si eso significa sacrificar todo". La campaña de Nike fue tanto elogiada como criticada, pero generó una amplia conversación sobre la justicia racial y la libertad de expresión.

Moda Inclusiva: Varias marcas de moda han lanzado líneas de ropa inclusivas que abrazan la diversidad en términos de género, orientación sexual y tallas. Por ejemplo, marcas como ASOS han presentado colecciones que incluyen tallas más grandes y prendas sin género, lo que refleja una comprensión más amplia de la diversidad de sus consumidores.

Campañas de Inclusión en la Publicidad: Otras empresas han optado por incorporar la diversidad y la igualdad de género en sus campañas publicitarias. Por ejemplo, la marca Dove ha lanzado campañas que celebran la belleza en todas sus formas, incluyendo la diversidad de tipos de cuerpo y razas. Estas campañas buscan fomentar una imagen corporal positiva y combatir los estándares de belleza poco realistas.

Publicidad Inclusiva y Diversa: Otras marcas, como Coca-Cola, han lanzado anuncios que celebran la diversidad cultural y la inclusión, a menudo con mensajes que promueven la unidad y el entendimiento entre diferentes grupos de personas.

Si bien estos ejemplos de marketing woke han sido elogiados por su compromiso con cuestiones de justicia y diversidad, también han enfrentado críticas relacionadas con la autenticidad y la percepción de explotación de movimientos sociales. La efectividad de estas estrategias de marketing en la construcción de una marca auténtica y comprometida con la justicia social es un tema de debate continuo.

Temas relevantes en el marketing y el wokismo
Sin lugar a dudas, uno de los temas más relevantes y polémicos relacionados con el marketing woke es la cuestión de la autenticidad y la percepción de explotación de movimientos sociales. Las estrategias de marketing que abrazan cuestiones de justicia social, equidad y diversidad han sido objeto de debate constante, y la efectividad de estas estrategias para construir una marca

auténtica y comprometida con la justicia social es un tema de discusión apasionada.

Autenticidad vs. Oportunismo: La autenticidad es fundamental en la efectividad del marketing woke. Las empresas que buscan capitalizar estas cuestiones deben asegurarse de que su compromiso sea genuino y no se perciba como una estrategia oportunista. Cuando las empresas se asocian con movimientos sociales solo con fines lucrativos, corren el riesgo de ser acusadas de explotación. La percepción de que las empresas están utilizando estas cuestiones para mejorar su imagen, en lugar de abrazarlas auténticamente, puede minar la confianza del consumidor.

Riesgos de la Superficialidad: La superficialidad en la representación de cuestiones de justicia social es otro tema importante. Algunas empresas pueden abrazar estas cuestiones solo en la superficie, sin realizar cambios significativos en sus prácticas internas o políticas corporativas. Esto puede llevar a la percepción de que están tratando estas cuestiones con levedad y no están comprometidas a hacer cambios reales. La falta de un compromiso profundo puede generar cinismo y desconfianza en el público.

La Línea Entre la Sensibilización y el Comercialismo: El marketing woke a menudo enfrenta el desafío de encontrar un equilibrio entre la sensibilización y el comercialismo. Si bien es importante aumentar la concienciación pública sobre cuestiones de justicia social, el riesgo es que las empresas utilicen estas campañas como una táctica de ventas sin un compromiso real detrás de ellas. Esto puede dar lugar a un "lavado de cara" donde las empresas buscan mejorar su imagen sin realizar cambios sustanciales en su comportamiento.

Críticas de Apropiación Cultural: Algunas campañas de marketing woke han sido criticadas por apropiarse de símbolos o temas culturales sin una comprensión profunda de su significado. Esto se ha traducido en acusaciones de insensibilidad y explotación cultural, lo que puede tener un impacto negativo en la percepción de la marca.

Confusión y Desvirtuación en la Comercialización del Wokismo

Uno de los aspectos más críticos relacionados con la comercialización del wokismo es la confusión y la desvirtuación de los valores y luchas sociales. A medida que los movimientos de justicia social se convierten en estrategias de marketing, existe un riesgo real de que se pierda la autenticidad y el enfoque real en la resolución de problemas. El resultado es que el wokismo puede transformarse en una palabra de moda vacía de contenido, en lugar de representar un compromiso genuino con la igualdad y la justicia.

1. **La Desvirtuación de los Valores:** La comercialización del wokismo a menudo se centra en la estética y la superficialidad en lugar de abordar los problemas fundamentales de justicia social. Las campañas de marketing pueden destacar símbolos, lemas y gestos simbólicos sin un compromiso real para abordar las raíces de la desigualdad y la discriminación. Esto puede dar lugar a una percepción de que estas cuestiones se están trivializando y explotando para fines comerciales.

2. **La Pérdida de Autenticidad:** La autenticidad es esencial en la efectividad de los movimientos de justicia social. Cuando las empresas utilizan estas cuestiones para impulsar sus productos o servicios, existe el riesgo de que se perciba como una estrategia oportunista en lugar de un compromiso sincero. La pérdida de autenticidad puede llevar a la desconfianza por parte del público y erosionar la credibilidad de las empresas.

3. **Confusión y Falta de Enfoque:** La comercialización del wokismo puede llevar a la confusión sobre lo que realmente significa. Los valores de justicia social y equidad a menudo se desdibujan en campañas de marketing que priorizan la imagen sobre el contenido. Esto puede hacer que el público tenga dificultades para distinguir entre una empresa comprometida con el cambio real y aquella que simplemente busca capitalizar una tendencia.

4. **La Palabra de Moda Vacía:** El wokismo, cuando se convierte en una palabra de moda vacía de contenido, pierde su poder transformador. En lugar de ser un motor para el cambio y la concienciación, se convierte en un término que se utiliza con poca sustancia, lo que puede llevar a la apatía y al escepticismo.

5. **La Necesidad de Compromiso Genuino:** Para abordar la confusión y la desvirtuación, las empresas y las organizaciones deben demostrar un compromiso genuino con los valores de igualdad y justicia social. Esto significa que deben respaldar sus campañas de marketing con acciones significativas, como cambios en las políticas corporativas, inversiones en la comunidad y la promoción de la diversidad en el lugar de trabajo.

El Delicado Equilibrio entre Marketing y Wokismo: Críticas y Desafíos

La relación entre el marketing y el wokismo es un terreno complejo y, en muchos casos, altamente controvertido. En última instancia, el desafío fundamental radica en encontrar el equilibrio adecuado entre la promoción de valores progresistas y la autenticidad en el compromiso con cuestiones de justicia social. La sociedad contemporánea se enfrenta a una pregunta esencial: ¿cómo garantizar que el marketing no distorsione ni diluya la importancia de luchar por un mundo más justo y equitativo? Esta relación entre marketing y wokismo refleja la intersección entre la cultura, la economía y la política en el siglo XXI. A continuación, examinaremos críticas y desafíos clave en este contexto:

1. **La Ambigüedad de los Motivos:** Uno de los desafíos principales es determinar si las empresas y organizaciones que abrazan el wokismo lo hacen por convicción o por motivos puramente comerciales. La percepción de oportunismo puede socavar los esfuerzos legítimos de justicia social y dar lugar a una desconfianza generalizada.

2. **La Comercialización de la Justicia Social:** La crítica más relevante en este contexto es que la justicia social y la igualdad se han convertido en productos que se pueden vender. La comercialización de estas cuestiones puede trivializarlas y reducir su importancia al convertirlas en un argumento de venta. Esto puede llevar a la pérdida de su significado genuino y la desensibilización del público.

3. **El Peligro del Greenwashing y el Pinkwashing:** Además del wokismo, las empresas pueden utilizar estrategias similares en términos de sostenibilidad o cuestiones LGBTQ+ (conocido como pinkwashing) para mejorar su imagen. Esto plantea interrogantes sobre la autenticidad de sus compromisos y puede oscurecer los problemas reales que estas cuestiones buscan abordar.

4. **La Confusión de la Audiencia:** Las campañas de marketing woke pueden llevar a la confusión de la audiencia. El público puede tener dificultades para discernir entre una empresa genuinamente comprometida con la justicia social y otra que simplemente busca capitalizar la tendencia. Esto puede socavar los esfuerzos de empresas auténticamente comprometidas.

5. **La Fatiga del Consumidor:** A medida que más empresas adoptan estrategias de marketing woke, existe el riesgo de que los consumidores se saturen y que estas campañas pierdan su impacto. La fatiga del consumidor podría llevar a que las campañas se perciban como una táctica de ventas más que como una expresión real de compromiso social.

6. **La Necesidad de Acciones Tangibles:** Para contrarrestar estas críticas, las empresas deben respaldar sus campañas de marketing woke con acciones tangibles y cambios internos significativos, como políticas corporativas más

justas y sostenibles, y una verdadera promoción de la diversidad en el lugar de trabajo.

En conclusión, la relación entre el marketing y el wokismo es un terreno complejo y cargado de desafíos. En un mundo donde los valores progresistas y la justicia social son esenciales, encontrar un equilibrio adecuado es crucial para evitar la percepción de explotación y garantizar un compromiso genuino con la construcción de un mundo más justo y equitativo. Este equilibrio refleja la compleja intersección entre la cultura, la economía y la política en la sociedad actual.

Capítulo 8: El Wokismo en los Medios de Entretenimiento: Entre la Crítica y la Influencia

La creciente influencia del wokismo en los medios de entretenimiento es un fenómeno de gran relevancia en la sociedad actual. En el presente capítulo, nos adentraremos en un análisis minucioso de cómo los ideales woke y la creciente imposición de la ideología de género han permeado de manera significativa la industria del entretenimiento. Para comprender a cabalidad este tema, es fundamental explorar tanto sus aspectos positivos como negativos.

Por un lado, es innegable que la inclusión de perspectivas diversas en la producción de contenidos audiovisuales ha ampliado las voces representadas en el panorama del entretenimiento. Esto ha llevado a un mayor reconocimiento de la diversidad de género, la promoción de personajes fuertes y complejos que desafían los estereotipos tradicionales, y una mayor conciencia sobre las cuestiones de igualdad. Muchas personas ven esta evolución como un avance necesario en la construcción de una sociedad más igualitaria y justa.

No obstante, también es importante analizar los aspectos negativos de esta tendencia. Algunos críticos argumentan que la inclusión forzada de elementos woke en las producciones puede llevar a la pérdida de autenticidad en las historias, la sobrepolitización de la narrativa y una reacción negativa por parte de ciertos sectores de la audiencia. Además, existe un debate sobre la censura y la libertad de expresión en el entretenimiento, ya que algunas voces sienten que la corrección política puede limitar la creatividad y la libre expresión artística.

En este capítulo, examinaremos detenidamente estos argumentos, evaluando el impacto tanto positivo como negativo del wokismo en los medios de entretenimiento y cómo esto ha influido en la forma en que consumimos y entendemos la cultura popular en la sociedad contemporánea.

Cambios Profundos en la Narrativa y la Representación:

La influencia del wokismo en los medios de entretenimiento ha suscitado una serie de cambios profundos en la manera en que se construye la narrativa y se representan los personajes y las tramas. Este fenómeno se ha traducido en la promoción de la diversidad étnica, de género y sexual en películas, series y otros contenidos, lo cual ha tenido un impacto innegable en la percepción y construcción de historias en la sociedad contemporánea.

En un contexto más amplio, esta transformación no ocurre en un vacío. A lo largo de la historia, la representación en los medios de entretenimiento ha estado plagada de estereotipos y prejuicios. Las voces marginadas y diversas, incluyendo a personas de diferentes orígenes étnicos, orientaciones sexuales y géneros, han sido subrepresentadas, mal representadas o estereotipadas de manera perjudicial. Esto ha llevado a una creciente demanda de un cambio sustancial en la forma en que se cuentan las historias en la cultura popular, con el objetivo de reflejar con mayor precisión la diversidad de la sociedad actual.

La inclusión de personajes de diferentes orígenes étnicos, orientaciones sexuales y géneros se ha convertido en un elemento clave de esta transformación. Se ha logrado dar voz a comunidades que antes estaban en la periferia de la narrativa, permitiendo que sus historias y experiencias sean parte integral de la trama. Esto es, sin duda, un paso positivo hacia una representación más auténtica y justa de la sociedad.

Sin embargo, es en este punto donde entran en juego las críticas más agudas. Algunos detractores argumentan que en ciertos casos, la inclusión de personajes diversos se siente forzada y superficial. La percepción de que se están cumpliendo cuotas o checkboxes para satisfacer agendas políticas o de inclusión puede generar una sensación de inautenticidad en las producciones. Los personajes pueden parecer meramente un reflejo de una lista de verificación, en lugar de ser individuos complejos y genuinos que enriquecen la trama. Esta percepción puede erosionar la calidad de las producciones, ya que los personajes pueden caer en estereotipos o ser presentados de manera unidimensional.

La crítica mencionada anteriormente plantea una cuestión fundamental en el debate sobre la inclusión en el entretenimiento: ¿es suficiente incluir personajes diversos, o es necesario también darles profundidad y autenticidad en su representación? La calidad de una narrativa radica en su capacidad para conectar con la audiencia a nivel emocional, y esto solo puede lograrse si los personajes son presentados de manera genuina y matizada.

Además, es crucial reconocer que la inclusión forzada o inauténtica puede tener consecuencias negativas. Cuando los espectadores perciben que se están cumpliendo cuotas o checkboxes para satisfacer ciertas agendas, se corre el riesgo de que la representación inclusiva se convierta en un motivo de controversia en lugar de un avance cultural positivo. Esto puede polarizar a la audiencia y alienar a sectores críticos, lo que va en contra de la intención original de promover la inclusión y la diversidad en la industria del entretenimiento.

La influencia del wokismo en los medios de entretenimiento ha generado cambios significativos en la narrativa y la representación. Si bien la promoción de la diversidad es un paso importante hacia una sociedad más justa, es esencial abordar las críticas con el fin de encontrar un equilibrio entre la inclusión y la calidad de la narrativa. Los medios de entretenimiento tienen la capacidad de influir en la percepción y actitudes del público, por lo que es fundamental que los cambios en la representación se realicen cuidadosamente y de manera auténtica para enriquecer la experiencia de la audiencia y promover un diálogo constructivo sobre cuestiones sociales fundamentales.

La Inclusión Forzada en Películas y Series de Televisión: Un Análisis Crítico de las Respuestas del Público

La inclusión forzada en los medios de entretenimiento, ya sea en películas y series de televisión, ha sido un tema ampliamente discutido en los últimos años, y uno que ha generado reacciones variadas por parte del público. Si bien la búsqueda de representación y diversidad en la pantalla es un objetivo encomiable, su ejecución puede resultar en un terreno minado de desafíos y críticas, especialmente cuando se percibe como una inclusión superficial y oportunista.

Uno de los aspectos más notorios de la inclusión forzada es su recepción por parte del público. En algunos casos, las películas y series que han abrazado esta estrategia han enfrentado reacciones negativas y descontento por parte de los espectadores. Esta respuesta adversa se debe en parte a la percepción de que los personajes y las tramas se ven afectados negativamente por una inclusión que parece más orientada a cumplir con cuotas que a contar una historia auténtica.

La inclusión forzada en películas y series de televisión ha sido evidente en varias ocasiones, y ha generado críticas tanto de la crítica como del público. A continuación, presentaré ejemplos concretos de películas y series que han sido señaladas por su inclusión forzada y las críticas que han recibido:

1. "Los Cuatro Fantásticos" (2015): Esta película de superhéroes fue criticada por cambiar la raza de Johnny Storm, originalmente un personaje caucásico, a un afroamericano, interpretado por Michael B. Jordan. Si bien la intención era representar la diversidad, la inclusión se percibió como forzada y artificial, ya que no se integró de manera orgánica en la historia y no se exploraron las implicaciones de este cambio en la trama.

2. "Ghostbusters" (2016): La versión femenina del equipo de Cazafantasmas fue criticada por algunos como un intento de aprovechar la ola de feminismo y diversidad en Hollywood. A pesar de contar con un elenco talentoso, la inclusión de mujeres en papeles tradicionalmente masculinos se sintió forzada, lo que llevó a reacciones mixtas y una polarización de la audiencia.

3. "Batwoman" (Serie de TV): La serie "Batwoman" generó controversia al introducir a un personaje LGBTQ+ como la protagonista, lo que fue visto por algunos como un intento de capitalizar el activismo LGBTQ+ sin una narrativa sólida que respaldara la inclusión del personaje. Esto resultó en críticas negativas y la serie enfrentó desafíos en términos de calidad y audiencia.

4. "James Bond: No Time to Die" (2021): La película fue criticada por su intento de modernizar al icónico personaje de James Bond, presentando a Lashana Lynch como una agente 00 de origen afroamericano. Si bien la diversidad en el elenco es una evolución necesaria, algunos argumentaron que la inclusión de Lynch parecía más un gesto simbólico que una auténtica transformación de la franquicia.

Estos ejemplos destacan cómo la inclusión forzada en películas y series de televisión puede resultar en críticas negativas y descontento por parte del público. La clave para abordar este desafío radica en equilibrar la diversidad con la autenticidad, integrando personajes y tramas de manera orgánica y respetando la coherencia de la historia. La inclusión genuina y reflexiva es esencial para avanzar hacia una representación más justa en la industria del entretenimiento sin comprometer la calidad narrativa.

Las críticas suelen apuntar a varios aspectos. En primer lugar, la percepción de que los personajes y las historias han sido modificados para encajar en una narrativa de inclusión puede dar lugar a personajes poco realistas y situaciones inverosímiles. Esto no solo puede perjudicar la calidad de la narrativa, sino que también puede llevar a la desconexión del público, ya que los personajes dejan de sentirse auténticos y se convierten en meros instrumentos para promover una agenda.

Un ejemplo de esto es cuando se cambia el género o la orientación sexual de un personaje icónico de una obra original con el objetivo de representar a una comunidad específica. Si esta decisión no se integra de manera orgánica en la historia y no se desarrolla con profundidad, puede resultar en personajes que carecen de autenticidad y que parecen estar allí solo para cumplir con un requisito. El público tiende a ser receptivo a la inclusión, pero solo si se hace de manera que respeta la coherencia de la historia y la integridad de los personajes.

Otro punto de crítica importante es que la inclusión forzada puede socavar la credibilidad de los esfuerzos genuinos por representar a comunidades marginadas. Cuando la audiencia percibe que la inclusión es simplemente una estrategia de relaciones públicas o una respuesta oportunista a las tendencias culturales, puede volverse escéptica y cuestionar la sinceridad de dichos esfuerzos. Esta reacción puede tener un efecto negativo en la percepción de la diversidad y la inclusión en la industria del entretenimiento en su conjunto, lo que perjudica los avances legítimos en la representación.

En última instancia, la inclusión forzada en películas y series de televisión resalta la necesidad de equilibrar la diversidad y la autenticidad en la narrativa. La inclusión es esencial para reflejar la sociedad en toda su complejidad, pero debe hacerse de manera orgánica, respetando la coherencia de la historia y desarrollando personajes con profundidad y autenticidad. La industria del entretenimiento debe aprender de las críticas del público y enfocarse en la creación de contenidos inclusivos que se sientan genuinos y respetuosos, en lugar de meros ejercicios de cumplimiento de cuotas.

El Debate sobre la Censura y la Autocensura en el Contexto del Wokismo en los Medios de Entretenimiento

El debate sobre la censura y la autocensura en la industria del entretenimiento ha cobrado relevancia en el contexto del wokismo. A medida que los ideales woke y ciertas narrativas son promovidos, ha surgido una preocupación palpable entre creadores y artistas respecto a abordar temas o representaciones que puedan considerarse inapropiados o políticamente incorrectos. Esto ha suscitado interrogantes cruciales sobre la libertad creativa y artística, y en qué medida puede verse comprometida cuando existen temores a las reacciones negativas de grupos woke.

La autocensura se ha convertido en un tema recurrente en la industria del entretenimiento, donde escritores, directores y productores sienten una presión creciente para adherirse a un conjunto específico de valores y principios en sus obras. Un ejemplo claro de esto es el temor a retratar personajes o situaciones que puedan ser interpretados como estereotipados o perjudiciales para ciertos grupos. Los creadores pueden optar por evitar ciertas temáticas o enfoques, lo que en última instancia puede limitar su libertad creativa y restringir su capacidad para explorar la complejidad de la condición humana.

En este sentido, la película "Birds of Prey" (2020) es un ejemplo interesante. Aunque se promocionó como una película de empoderamiento femenino, algunas críticas sugirieron que se abordaron temas feministas de manera forzada, lo que dio lugar a una narrativa que no se sintió auténtica y que no se conectó plenamente con el público. La presión por promover ciertos mensajes puede haber contribuido a la falta de coherencia en la historia.

Por otro lado, la censura también es una preocupación. Los grupos woke, en su búsqueda de promover una visión particular de la justicia social, han ejercido presión sobre las producciones para eliminar o modificar contenido que consideran ofensivo o inapropiado. Esto plantea preguntas fundamentales sobre quién tiene el poder de decidir qué es aceptable en el arte y la cultura, y hasta dónde se puede llegar antes de que la censura se convierta en una restricción a la expresión creativa.

La serie "Friends" (1994-2004) se ha convertido en un ejemplo emblemático en este sentido. A medida que se ha vuelto más crítica en cuanto a la representación de personajes y temas, algunos han argumentado que la serie, en su forma original, no sería aceptable en la actualidad debido a la percepción de contenido políticamente incorrecto. Esto ha llevado a debates acalorados sobre si se deben modificar o censurar obras pasadas para que se ajusten a las normas y valores contemporáneos.

En conclusión, el debate sobre la censura y la autocensura en el contexto del wokismo en los medios de entretenimiento es un tema complejo y crítico. Si bien es importante abordar cuestiones de representación y equidad, es igualmente vital preservar la libertad creativa y artística. En última instancia, encontrar un equilibrio entre estos dos aspectos es esencial para promover una narrativa auténtica y significativa en la industria del entretenimiento sin que ello suponga una amenaza a la expresión creativa.

La Censura Impuesta por el Wokismo en la Industria del Cine y la Televisión: Un Fenómeno Preocupante

El wokismo en la industria del cine y la televisión ha desencadenado un clima de censura y autocensura que afecta a directores, escritores, e incluso a productoras enteras que no siguen la ideología impuesta por esta corriente. La presión ejercida por grupos woke y la preocupación por evitar la cancelación han llevado a una atmósfera en la que las voces divergentes, las representaciones controvertidas y las tramas desafiantes se ven amenazadas.

Un ejemplo notorio es la cancelación de proyectos y la desvinculación de directores y actores debido a sus puntos de vista o comentarios considerados políticamente incorrectos. El caso de James Gunn, director de las películas de "Guardians of the Galaxy" de Marvel, es ilustrativo. Gunn fue despedido temporalmente después de que resurgieran tuits suyos antiguos con contenido ofensivo. Aunque posteriormente fue reinstalado, este episodio refleja cómo el wokismo puede ejercer una censura retroactiva, incluso sobre el trabajo previo de un creador.

Asimismo, productoras de cine y televisión han sentido la presión del wokismo, a menudo ajustando sus contenidos para evitar controversias o el rechazo de grupos activistas. Esto se manifiesta en la autocensura y en la modificación de tramas y personajes. Aunque la intención puede ser positiva, como promover la inclusión y la justicia social, la consecuencia puede ser la creación de narrativas menos auténticas y complejas. En última instancia, este tipo de censura puede socavar la diversidad de voces y perspectivas en la industria del entretenimiento, ya que los creadores temen abordar temas desafiantes o controversiales.

El wokismo ha dejado una huella significativa en la industria del cine y la televisión, generando debates y cambios notables en la narrativa, la representación y la libertad creativa. Si bien la promoción de valores de inclusión, diversidad y justicia social es una meta importante y necesaria, es igualmente crítico evaluar de manera crítica los efectos colaterales de estas transformaciones.

La inclusión forzada en películas y series de televisión ha llevado a representaciones artificiales y superficiales que han sido criticadas por la falta de autenticidad y la percepción de cumplir con agendas políticas o de relaciones públicas. Esta tendencia ha demostrado que la inclusión auténtica y respetuosa de la diversidad es esencial para el enriquecimiento de la narrativa y el avance cultural.

El debate sobre la censura y la autocensura también ha arrojado luz sobre la delgada línea entre promover valores progresistas y limitar la libertad creativa y artística. La presión para ajustarse a una ideología en particular y el temor a la cancelación han llevado a la eliminación o modificación de contenido, lo que plantea interrogantes sobre la diversidad de voces y perspectivas en la industria del entretenimiento.

La industria del entretenimiento debe seguir evolucionando para abordar de manera auténtica y respetuosa las cuestiones sociales, sin dejar de ser un espacio de expresión artística diversa y libre. La crítica y el diálogo constructivo son esenciales para forjar un camino que combine la inclusión con la calidad narrativa y el respeto a la expresión creativa.

Capítulo 9: El Declive del Interés por el Trabajo y las Implicaciones del Wokismo

El declive del interés por el trabajo y las implicaciones del wokismo constituyen una tendencia preocupante que merece una crítica negativa en profundidad. En los últimos años, hemos sido testigos de una transformación en la forma en que la sociedad contemporánea percibe el trabajo tradicional, y el wokismo, en lugar de ser una fuerza progresista, ha contribuido a una actitud perjudicial hacia el empleo y la responsabilidad laboral.

El trabajo tradicional, que se ha considerado durante mucho tiempo como el medio principal para adquirir ingresos, desarrollar habilidades y construir una carrera a largo plazo, se ha visto socavado por las influencias del wokismo. Se ha promovido la idea de que el trabajo es una forma de opresión, un sistema que explota a los trabajadores y que debe ser desestimado en aras de la búsqueda de una vida más placentera y enfocada en la satisfacción personal. Esta perspectiva errónea del trabajo no solo es desalentadora, sino que también es perjudicial para la economía y la estabilidad social, ya que el trabajo es la columna vertebral de la sociedad moderna, tanto en términos de generación de riqueza como de proporcionar un propósito y un sentido de contribución a la comunidad.

El wokismo ha inculcado una cultura de la gratificación instantánea y la satisfacción personal a corto plazo en la sociedad. Se ha vuelto común priorizar la búsqueda de comodidades y recompensas inmediatas en lugar de invertir tiempo y esfuerzo en la construcción de una carrera sólida y el desarrollo de habilidades valiosas. En lugar de dedicarse a metas profesionales a largo plazo, muchas personas optan por lo más sencillo y lo que ofrezca recompensas inmediatas, incluso si estas elecciones no son sostenibles en el futuro. Esta mentalidad no solo socava el crecimiento y la innovación, sino que perpetúa la mediocridad y la falta de ambición en la sociedad.

Las implicaciones de este declive en el interés por el trabajo y la desvalorización del trabajo tradicional son profundas y perjudiciales. La disminución de la productividad y el compromiso laboral puede conducir a un estancamiento económico, una menor calidad de vida y una sociedad menos preparada para enfrentar desafíos y crisis. La falta de inversión en el desarrollo de habilidades y la construcción de carreras sólidas puede llevar a la precariedad financiera y a una sociedad más vulnerable en un mundo cada vez más competitivo.

Además, el wokismo ha contribuido a una cultura de victimización y dependencia, fomentando la idea de que las personas son víctimas de las estructuras sociales y económicas en lugar de ser agentes de cambio y desarrollo. Esto socava aún más la responsabilidad personal y la iniciativa, lo que a largo plazo puede tener efectos negativos en la independencia y la autosuficiencia de las personas.

El declive del interés por el trabajo y las implicaciones del wokismo constituyen una tendencia peligrosa que socava los cimientos de la sociedad moderna. En lugar de desestimar el trabajo tradicional, es esencial encontrar un equilibrio entre la promoción de la equidad y el respeto por el trabajo y la dedicación que han sido históricamente valiosos para el progreso de la sociedad. La sociedad necesita reconocer que el trabajo es un pilar fundamental que aporta riqueza, desarrollo y un sentido de propósito, y que es esencial encontrar formas de mejorar y adaptar las estructuras laborales sin despreciar la importancia del esfuerzo y la dedicación a largo plazo.

La Búsqueda de lo Más Fácil y la Evasión del Esfuerzo:

La búsqueda constante de lo más fácil y la evasión del esfuerzo, una tendencia que ha ganado terreno bajo la influencia del wokismo, merece una crítica profunda y extensa. Esta actitud, que favorece la comodidad y la simplicidad, no solo ha transformado la forma en que la sociedad percibe el trabajo y los desafíos, sino que también tiene efectos significativos en el desarrollo personal y profesional, así como en el progreso de la sociedad en su conjunto.

La promoción de la comodidad y la simplicidad, influenciada por el wokismo, ha dado lugar a una falta de disposición para enfrentar desafíos y dificultades. En lugar de ver los obstáculos como oportunidades para aprender y crecer, se ha vuelto común buscar el camino más fácil, incluso si este no es el camino más beneficioso a largo plazo. Un ejemplo claro de esto es la tendencia a recurrir a soluciones inmediatas y superficiales en lugar de abordar los problemas de raíz. Por ejemplo, las personas pueden optar por tomar medicamentos para aliviar los síntomas de una enfermedad en lugar de abordar las causas subyacentes de su salud. Este enfoque rápido y sencillo puede proporcionar alivio a corto plazo, pero no resuelve los problemas subyacentes y puede tener efectos negativos a largo plazo.

Este enfoque en la evasión del esfuerzo puede socavar la perseverancia y la resiliencia necesarias para alcanzar objetivos a largo plazo. Un ejemplo evidente es el declive en el interés por la educación y el desarrollo de habilidades a largo plazo. Con la creciente disponibilidad de información en línea, es tentador buscar respuestas inmediatas en lugar de invertir tiempo y esfuerzo en aprender de manera profunda y sostenible. Las personas pueden buscar respuestas rápidas en línea en lugar de adquirir habilidades valiosas a través de la educación formal o la formación profesional. Esto puede dar como resultado una fuerza laboral menos calificada y menos competitiva en el mercado global, lo que a su vez puede tener un impacto negativo en la economía y la sociedad en su conjunto.

A nivel profesional, la búsqueda constante de lo más fácil puede llevar a una disminución de la productividad y la calidad del trabajo. Por ejemplo, un empleado puede optar por hacer el trabajo de manera apresurada para cumplir con un plazo en lugar de dedicar tiempo y esfuerzo en hacerlo de manera óptima. Esta mentalidad puede llevar a resultados de baja calidad y, en última instancia, puede dañar la reputación de la empresa y afectar negativamente su rentabilidad. En lugar de promover la excelencia y el logro, la cultura de la simplicidad y la comodidad fomenta la mediocridad y la falta de ambición.

A nivel individual, la aversión al esfuerzo y la búsqueda de atajos pueden llevar a una falta de satisfacción y realización personal. La sensación de logro y superación personal que se obtiene al enfrentar desafíos y trabajar arduamente para alcanzar metas se ve comprometida por la cultura de la simplicidad y la comodidad. Por ejemplo, alguien que busca constantemente la gratificación instantánea y evita los desafíos puede encontrarse insatisfecho en su vida, a pesar de tener comodidades inmediatas. Esto puede dar como resultado una sociedad en la que las personas se contentan con menos y no buscan alcanzar su máximo potencial.

En resumen, la búsqueda constante de lo más fácil y la evasión del esfuerzo, influida por el wokismo, tiene profundas implicaciones en la sociedad contemporánea. En lugar de promover la superación personal y el desarrollo sostenible, esta actitud fomenta la complacencia a corto plazo. Es fundamental encontrar un equilibrio entre la comodidad y la resiliencia, y promover una mentalidad que valore el esfuerzo y la superación personal. El progreso y el éxito a largo plazo se alcanzan a través de desafíos y trabajo duro, y es esencial recordar que estos son componentes fundamentales del crecimiento y el logro.

La Actitud de Quejarse Ante las Dificultades:

La influencia del wokismo en la sociedad contemporánea no solo ha generado cambios significativos en la forma en que se percibe el trabajo y la búsqueda de la comodidad, sino que también ha contribuido a una actitud de quejarse ante las dificultades, una tendencia profundamente crítica que merece una exploración exhaustiva y extensa.

En primer lugar, es fundamental reconocer que la capacidad de identificar y abordar injusticias y desigualdades es un aspecto valioso de cualquier sociedad progresista. Sin embargo, algunas críticas argumentan que la influencia del wokismo ha llevado a una mentalidad de victimización excesiva. Esto significa que en lugar de abordar los desafíos de manera constructiva, se ha fomentado una actitud de queja constante y una tendencia a ver cada obstáculo como una afrenta personal. Esta actitud no solo puede ser agotadora para quienes la adoptan, sino que también puede tener un impacto negativo en la percepción de las adversidades como insuperables y en la minimización de la responsabilidad personal.

Un ejemplo palpable de esta actitud se puede observar en la forma en que algunas personas abordan los desafíos cotidianos. Por ejemplo, en lugar de ver una dificultad en el trabajo como una oportunidad para aprender y crecer, pueden quejarse constantemente de la presión y el estrés que conlleva. Esto no solo socava su capacidad para desarrollar resiliencia y lidiar con el estrés, sino que también puede afectar negativamente su rendimiento laboral y su bienestar psicológico. La actitud de quejarse ante las dificultades puede llevar a la procrastinación, a la falta de productividad y a la falta de satisfacción en el trabajo.

Además, la excesiva dependencia en soluciones externas es otra consecuencia de esta actitud de quejarse ante las dificultades. En lugar de asumir la responsabilidad personal y buscar soluciones por sí mismos, algunas personas pueden depender en exceso de intervenciones externas, como la intervención del gobierno o la empresa, para resolver sus problemas. Si bien es importante reconocer la importancia de las políticas públicas y de las empresas en abordar las desigualdades y las injusticias, esta actitud de dependencia excesiva puede llevar a la falta de empoderamiento y la pérdida de la capacidad de resolver problemas de manera independiente.

En un nivel más amplio, la actitud de quejarse ante las dificultades puede tener implicaciones negativas en la capacidad de las personas para superar desafíos y dificultades en la vida. En lugar de desarrollar resiliencia y habilidades para afrontar obstáculos, esta mentalidad perpetúa la idea de que las adversidades son insuperables y que la responsabilidad personal se minimiza. Esto puede tener un impacto perjudicial en la independencia y la autosuficiencia de las personas, lo que a largo plazo puede limitar su capacidad para enfrentar las dificultades y prosperar.

La actitud de quejarse ante las dificultades, influenciada por el wokismo, es una tendencia preocupante que socava la capacidad de las personas para afrontar desafíos de manera constructiva y desarrollar resiliencia. Si bien es esencial reconocer y abordar las injusticias y desigualdades, es igualmente importante promover una mentalidad que fomente la responsabilidad personal, la independencia y la búsqueda de soluciones en lugar de la queja constante. La superación de las dificultades y el crecimiento personal se logran a través de la resiliencia y la determinación, y es fundamental recordar que asumir un enfoque proactivo y constructivo ante las dificultades es esencial para el desarrollo individual y el progreso de la sociedad.

Reflexiones Finales:

Las reflexiones finales sobre el declive del interés por el trabajo, como consecuencia de la influencia del wokismo en la sociedad contemporánea, exigen un análisis más profundo y extenso para comprender plenamente sus implicaciones y críticas.

En primer lugar, es innegable que el wokismo, en su búsqueda de promover la justicia social y la igualdad, ha desencadenado cambios importantes en la percepción del trabajo tradicional. Se ha generado una corriente de pensamiento que critica los aspectos tradicionales de la sociedad y se enfoca en destacar las desigualdades y las injusticias existentes. Sin embargo, en este proceso, se ha desestimado el valor del trabajo tradicional, que históricamente ha sido un pilar fundamental de la economía y el desarrollo personal y profesional. Es crítico señalar que el wokismo no debe desvalorizar la importancia del trabajo, ya que este es fundamental para la estabilidad de cualquier sociedad.

El declive del interés por el trabajo no solo afecta la percepción de la labor profesional, sino que también se traduce en una cultura de gratificación instantánea y la búsqueda de satisfacción personal a corto plazo. Este enfoque en el bienestar inmediato ha llevado a una disminución en la disposición de las personas para invertir tiempo y esfuerzo en la construcción de carreras sólidas y el desarrollo de habilidades valiosas. Se prefiere lo que proporciona recompensas inmediatas, incluso si no es sostenible a largo plazo. Este cambio en la actitud puede tener un impacto negativo en la productividad, el compromiso laboral y la capacidad de las personas para alcanzar sus metas profesionales y personales.

Las implicaciones de este declive en el interés por el trabajo y la desvalorización del trabajo tradicional son profundas. Una sociedad en la que se menosprecia el trabajo puede experimentar una disminución en la productividad y un menor compromiso laboral. Esto puede afectar negativamente la economía y la calidad de vida de las personas. Además, la falta de inversión en el desarrollo de habilidades y en la construcción de carreras sólidas puede tener un impacto en la estabilidad financiera y en la capacidad de afrontar situaciones adversas.

En última instancia, es vital encontrar un equilibrio entre la promoción de valores progresistas y la importancia del trabajo tradicional. Si bien el wokismo tiene como objetivo abordar las desigualdades y las injusticias, es esencial no perder de vista la necesidad de valorar el trabajo y el esfuerzo personal. La sociedad debe ser capaz de reconocer la importancia del trabajo en la generación de riqueza y desarrollo, al tiempo que aborda las desigualdades de manera efectiva. En lugar de desestimar el trabajo, es necesario fomentar una cultura que promueva la equidad sin socavar los fundamentos económicos y personales que han sido históricamente valiosos para el progreso de la sociedad. En resumen, la reflexión final sobre el declive del interés por el trabajo debe llevar a la búsqueda de un equilibrio necesario para mantener una sociedad próspera y equitativa.

Capítulo 10: El movimiento woke y su guerra con la sociedad actual.

El movimiento "woke" o "wokismo" se ha convertido en un tema candente en sociedad actual, incluyendo a América Latina, al igual que en muchas otras partes del mundo. Aunque su objetivo fundamental es promover la justicia social y la conciencia de la discriminación, es esencial comprender que no es un movimiento homogéneo. En la región, al igual que en otros lugares, ha habido ciertas facciones que han tomado acciones que han generado choques sociales y políticos, lo que ha llevado a un debate sobre los límites y las consecuencias de su activismo.

Uno de los aspectos más controvertidos del "wokismo" en América Latina es su relación con el patrimonio arquitectónico. Un ejemplo destacado es la retirada de la estatua de Cristóbal Colón en Ciudad de México en octubre de 2020. Si bien la intención detrás de esta acción era cuestionar la conmemoración de una figura histórica asociada a la colonización y la opresión de pueblos indígenas, la decisión generó reacciones encontradas. Algunos consideraron que esta medida representaba un paso importante hacia la revisión crítica de la historia, mientras que otros la interpretaron como un ataque a su herencia cultural y una forma de borrar la historia. Esta controversia ejemplifica la tensión que existe entre la necesidad de reevaluar la representación histórica y la preservación del patrimonio arquitectónico, y ha generado un debate sobre si la eliminación de estatuas es la mejor forma de abordar la historia problemática.

Por otro lado, las marchas de diversidad han sido otro punto focal de debate en la región. Aunque estas manifestaciones buscan promover la igualdad y la visibilidad de las comunidades marginadas, en ocasiones han sido objeto de críticas debido a comportamientos que algunos perciben como libertinaje o excesos. Por ejemplo, en algunas ediciones de la Marcha del Orgullo LGBT+ en América Latina, se han producido actos de exhibicionismo o desnudos públicos que han sido ampliamente cuestionados. Estos incidentes, aunque no representan a todos los participantes, han sido utilizados por sectores conservadores para desacreditar las marchas en su conjunto, lo que ha llevado a la polarización y a la creación de narrativas negativas en torno a estas manifestaciones.

Además, el Paro Nacional de 2021 en Colombia, que comenzó como una manifestación de descontento social, se convirtió en un espacio de diversidad de demandas, incluyendo las relacionadas con el feminismo y la igualdad de género. Aunque gran parte de las protestas se llevaron a cabo de manera pacífica, algunas se tornaron violentas y generaron daños a la infraestructura pública y privada. Este tipo de violencia y vandalismo ha provocado un fuerte rechazo en la sociedad y ha alimentado la polarización política en el país, lo que ha generado interrogantes sobre si estos métodos son efectivos para promover el cambio social.

Es fundamental recordar que, si bien existen ejemplos de acciones controvertidas en el contexto del "wokismo" y el feminismo en América Latina, estas acciones no representan necesariamente a todos los participantes ni a las causas en sí. La diversidad de opiniones y enfoques dentro de estos movimientos es significativa, y es esencial evitar generalizaciones. La clave está en promover un diálogo respetuoso y constructivo que permita abordar las preocupaciones legítimas relacionadas con la justicia social y la igualdad, al mismo tiempo que se respeta la diversidad de perspectivas en la sociedad.

En resumen, el "wokismo" y el feminismo, en su búsqueda de justicia social y equidad, han generado tensiones en América Latina debido a ciertas acciones controvertidas relacionadas con el patrimonio arquitectónico y las marchas de diversidad. Sin embargo, es necesario abordar estos temas con una mirada crítica, reconocer la diversidad de opiniones y enfoques en estos movimientos, y buscar soluciones que permitan avanzar hacia una sociedad más inclusiva y equitativa sin caer en extremos que provoquen rechazo y polarización.

Capítulo 11: Discriminación Causada por el Wokismo: Un Análisis Crítico de sus Impactos

El movimiento woke, en su camino hacia la consecución de sus objetivos base, ha generado una serie de impactos negativos que han conducido a una paradoja inquietante: *la discriminación causada por el mismo movimiento*. En este capítulo, examinaremos de manera profunda y crítica cómo las acciones y principios del movimiento woke, aunque bien intencionados, han resultado en efectos contraproducentes, incluyendo una nueva forma de discriminación.

1. Discriminación Inversa:

Una de las consecuencias más notables del wokismo es la aparición de lo que se ha denominado como "discriminación inversa". Esta noción implica que, en el afán de corregir desigualdades históricas, se han tomado medidas que pueden resultar en la discriminación de grupos que anteriormente no eran señalados. Por ejemplo, las políticas de acción afirmativa, diseñadas para remediar la discriminación pasada, a menudo han llevado a situaciones donde candidatos o individuos calificados pueden ser excluidos en función de su raza, género u orientación sexual percibida como mayoritaria. Esto, en lugar de abordar el problema de la discriminación, parece perpetuar una forma diferente de inequidad.

La "discriminación inversa" es un concepto que ha emergido en el contexto del wokismo, una ideología que busca abordar las desigualdades históricas y la discriminación sistemática. Aunque las intenciones detrás de este enfoque son nobles, es importante analizar críticamente sus efectos y consecuencias.

En primer lugar, es crucial reconocer que la discriminación inversa no es un fenómeno generalizado, sino más bien una preocupación que algunas personas han expresado en relación con ciertas políticas de igualdad y justicia social. Por ejemplo, las políticas de acción afirmativa se han implementado en varios lugares para corregir las desigualdades históricas que han afectado a grupos minoritarios. Sin embargo, se argumenta que en algunos casos, estas políticas pueden llevar a la discriminación inversa, donde individuos calificados que pertenecen a grupos percibidos como mayoritarios pueden ser excluidos en favor de candidatos de grupos minoritarios.

Este debate plantea importantes preguntas sobre cómo abordar la discriminación y las desigualdades. Por un lado, las políticas de acción afirmativa han tenido un impacto positivo al brindar oportunidades a personas que han sido sistemáticamente marginadas en el pasado. Han contribuido a diversificar lugares de trabajo, instituciones educativas y otros ámbitos. Sin embargo, la preocupación por la discriminación inversa se basa en la idea de que, en algunos casos, estas políticas pueden haber ido demasiado lejos y haber comenzado a afectar a individuos que no tienen responsabilidad directa en las desigualdades históricas.

Es importante considerar que la discriminación inversa no se produce de manera uniforme ni en todas las situaciones. Su existencia o magnitud varía según la región y el contexto. Además, es fundamental tener en cuenta que las políticas de acción afirmativa y otros enfoques similares no son una respuesta única a las desigualdades. Hay otros métodos y estrategias para abordar las desigualdades sistémicas, como la educación, la concienciación y la promoción de la equidad en lugar de simplemente la igualdad.

En última instancia, la noción de discriminación inversa plantea un desafío a la hora de encontrar un equilibrio entre corregir las injusticias históricas y evitar la creación de nuevas injusticias. Para abordar este desafío, es importante seguir debatiendo y ajustando las políticas y enfoques en función de las necesidades específicas de cada contexto. La discriminación inversa debe ser considerada como un problema potencial, pero no como una razón para descartar por completo las políticas de igualdad y justicia social. La clave está en la implementación adecuada y en la adaptación de estas políticas para garantizar que sean efectivas y equitativas.

2. Polarización y División:
La polarización generada por la adhesión o el rechazo a los principios del wokismo ha alcanzado niveles alarmantes en la sociedad actual, dividiendo a las personas en "bandos" enfrentados. En lugar de promover la unidad y la colaboración, el debate en torno al wokismo ha llevado a una dinámica en la que las personas se agrupan en torno a sus afinidades políticas y creencias, a menudo excluyendo a quienes no comparten sus puntos de vista. Esta polarización puede resultar en una dinámica preocupante en la que se juzga y

discrimina a las personas en función de sus opiniones políticas o creencias, en lugar de considerar sus argumentos y perspectivas de manera objetiva.

Un ejemplo claro de esta polarización es la controversia en torno a la teoría crítica de la raza, un componente importante del wokismo. Aquellos que apoyan esta teoría argumentan que es esencial para abordar las desigualdades sistémicas basadas en la raza, mientras que sus críticos sostienen que promueve la división racial y suprime la libertad de expresión al cancelar o censurar a quienes discrepan. Esto ha llevado a debates polarizados y acalorados en la sociedad, en lugar de un diálogo constructivo sobre cómo abordar la discriminación racial de manera efectiva.

La polarización extrema en torno al wokismo ha dado lugar a dos campos opuestos que mantienen visiones opuestas sobre su validez y relevancia. Por un lado, están aquellos que respaldan fervientemente los principios del wokismo como un medio para corregir las desigualdades sistémicas y promover la inclusión y la equidad. Argumentan que el wokismo es una respuesta necesaria a las injusticias históricas que han afectado a grupos marginados. Por otro lado, existen personas que consideran que el wokismo ha ido demasiado lejos, promoviendo la censura, la cancelación cultural y la restricción de la libertad de expresión en nombre de la justicia social. Sostienen que estas medidas son excesivas y socavan valores fundamentales, como la libertad de expresión y el debate abierto.

Esta polarización extrema tiene consecuencias negativas en varios aspectos de la sociedad. En primer lugar, dificulta el diálogo y la colaboración entre diferentes grupos y perspectivas, lo que hace que sea más difícil encontrar soluciones efectivas para los problemas sociales. La hostilidad entre los dos bandos a menudo lleva a un estancamiento en lugar de un progreso constructivo. En segundo lugar, esta polarización puede dar lugar a una forma de discriminación basada en las opiniones políticas. Aquellos que no se alinean con la perspectiva predominante del grupo pueden ser etiquetados como enemigos o intolerantes, lo que puede llevar a su ostracismo social o laboral.

Es importante destacar que la polarización y la discriminación basada en opiniones políticas no son exclusivas del wokismo. Estos problemas han existido en la política y la sociedad mucho antes de la llegada de esta ideología. Sin embargo, el wokismo ha amplificado estos problemas y ha contribuido a la creación de un clima en el que la discrepancia se considera cada vez más como una amenaza.

Para abordar estos desafíos, es fundamental encontrar un equilibrio entre la promoción de la justicia social y la inclusión, y la preservación de la diversidad de opiniones y el respeto por la libertad de expresión. La polarización extrema y la discriminación basada en opiniones políticas no son caminos productivos hacia una sociedad más justa y equitativa. Es necesario fomentar un diálogo constructivo, la empatía y la comprensión mutua, de manera que se pueda trabajar juntos para abordar los problemas sociales sin perpetuar divisiones y discriminación. La solución radica en encontrar formas de reconciliar diferentes perspectivas y trabajar hacia un consenso que promueva la justicia social sin socavar otros valores fundamentales de la sociedad democrática.

3. Etiquetamiento y Generalización:

El wokismo, o la lucha por la justicia social y la igualdad, ha emergido como un movimiento influyente con el objetivo de erradicar estereotipos y prejuicios arraigados en la sociedad. No obstante, este noble propósito se ha visto envuelto en una paradoja preocupante: la creación de etiquetas y generalizaciones basadas en características como la raza, el género o la orientación sexual. Aunque las intenciones subyacentes son loables, la forma en que a veces se implementa esta lucha puede tener efectos contraproducentes y contribuir a una forma de discriminación basada en suposiciones y estereotipos, en lugar de promover la apreciación de la diversidad y singularidad de cada individuo.

Un ejemplo destacado de esta problemática es el uso de términos como ***"privilegio blanco"*** o ***"masculinidad tóxica"***. Estos conceptos, si bien diseñados para destacar la discriminación y los estereotipos asociados a ciertos grupos, a menudo se aplican de manera generalizada. En lugar de reconocer la variabilidad y la diversidad dentro de cualquier grupo racial o de género, esta retórica puede llevar a una generalización perjudicial. No tener en cuenta las diferencias individuales dentro de estos grupos puede resultar en la creación de nuevos estereotipos que, paradójicamente, pueden ser igual de perjudiciales que aquellos que se intenta combatir.

El etiquetamiento basado en la raza, género u orientación sexual también puede tener consecuencias negativas en contextos educativos y laborales. En el afán de promover la diversidad y la inclusión, algunas organizaciones han implementado políticas que favorecen la contratación de personas de ciertas identidades o grupos minoritarios. Aunque esta intención es promover la igualdad de oportunidades, en algunos casos ha llevado a la percepción de que las personas son seleccionadas o promocionadas no en función de sus méritos o capacidades, sino de su pertenencia a ciertas categorías. Esto puede crear un ambiente en el que algunos individuos sientan que se les está tratando de manera desigual, lo que a su vez puede fomentar la división y el resentimiento.

Otro aspecto crítico es que el etiquetamiento y la generalización pueden reducir la posibilidad de un diálogo abierto y constructivo. Cuando se etiqueta a alguien como "privilegiado" o "oprimido" en función de su raza, género u orientación sexual, se tiende a ver a esa persona a través de un filtro preconcebido. Esto puede hacer que sea más difícil entablar una conversación significativa y comprensiva, ya que se presupone que se conocen las experiencias y puntos de vista de esa persona en función de las etiquetas asignadas, en lugar de permitir un diálogo abierto que podría enriquecer la comprensión mutua.

La lucha contra los estereotipos y prejuicios es un objetivo esencial para construir una sociedad más justa e inclusiva. Sin embargo, es fundamental abordar este desafío de manera que no se caiga en la trampa del etiquetamiento y la generalización, que a menudo refuerzan nuevos prejuicios y divisiones. La promoción de la diversidad y la singularidad de cada individuo debe ser un elemento central en esta lucha. Todos tienen experiencias únicas y no deben ser reducidos a categorías estereotipadas. En lugar de etiquetar y generalizar, es crucial fomentar el diálogo, la empatía y la comprensión mutua, con el objetivo de construir puentes y superar los prejuicios en lugar de reforzarlos.

4. Silenciamiento de Voces Disidentes:
El silenciamiento de voces disidentes es un fenómeno que ha adquirido relevancia en el contexto de la cultura de la cancelación, que suele asociarse con el wokismo. Aunque el wokismo persigue el loable objetivo de promover la igualdad y la justicia social, la forma en que algunas personas interpretan y aplican estas ideas ha llevado al rechazo y a la exclusión de aquellos individuos que se atreven a expresar opiniones divergentes o críticas. Este proceso puede ser considerado como una forma de discriminación, ya que excluye a quienes no siguen la línea ideológica predominante, lo que a su vez mina la diversidad de opiniones y socava la libertad de expresión.

Un ejemplo paradigmático de este problema es la cancelación de personas en las redes sociales o en el ámbito laboral debido a opiniones consideradas políticamente incorrectas o controvertidas. Algunas personas han perdido sus empleos o sus plataformas en línea por expresar opiniones que no se ajustan a la corriente de pensamiento predominante o que son etiquetadas como políticamente incorrectas. Si bien es necesario abordar discursos dañinos o discriminatorios, la cultura de la cancelación a menudo va más allá de este objetivo legítimo y se dirige a personas que simplemente tienen perspectivas diferentes.

Este tipo de silenciamiento también se ha expandido a debates académicos y públicos. En algunas universidades, por ejemplo, se han producido protestas y manifestaciones con el propósito de evitar que oradores con opiniones controversiales o críticas del wokismo den conferencias. Esta tendencia puede tener un impacto perjudicial en la libertad académica y en la capacidad de explorar ideas y perspectivas diversas en un entorno de aprendizaje. La academia, que debería ser un espacio para el intercambio libre y abierto de ideas, se ve amenazada por la autocensura y la presión para adherirse a una única ideología predominante.

El silenciamiento de voces disidentes no solo tiene implicaciones negativas para la libertad de expresión, sino que también puede obstaculizar el diálogo y el debate constructivo. Cuando las personas sienten que no pueden expresar sus opiniones libremente por temor a represalias, se crea un ambiente de conformismo en lugar de un debate abierto y enriquecedor. Esto, a su vez, puede conducir a una polarización aún más profunda y al endurecimiento de las posturas ideológicas, ya que las personas tienden a refugiarse en comunidades de ideas afines en lugar de interactuar con perspectivas divergentes.

El silenciamiento de voces disidentes es un tema complejo y delicado que debe ser abordado cuidadosamente. Es fundamental distinguir entre la lucha contra discursos dañinos y el respeto a la diversidad de opiniones. La libertad de expresión es un principio fundamental en las sociedades democráticas, y debe ser protegida incluso cuando se trata de opiniones impopulares o desafiantes. En lugar de excluir o cancelar a las voces disidentes, se debe fomentar un diálogo respetuoso y constructivo que permita el intercambio de ideas y enriquezca la comprensión mutua. La tolerancia y el respeto por las opiniones divergentes son esenciales para construir una sociedad democrática y pluralista en la que las diferencias no sean motivo de exclusión, sino de enriquecimiento.

5. Desconfianza y División Cultural:

La desconfianza y la división cultural son dos fenómenos que han cobrado una relevancia significativa en el contexto del wokismo y sus implicaciones en la sociedad contemporánea.

Aunque el wokismo se fundamenta en el objetivo de promover la justicia social, en algunas ocasiones ha contribuido a la creación de un ambiente de desconfianza y división cultural. Estos efectos adversos se manifiestan de diversas maneras y tienen un impacto importante en la cohesión social.

Uno de los ejemplos más notables de este problema es la polarización política que ha emergido en muchas sociedades. El wokismo, en su intento de abordar las desigualdades sistémicas, ha sido apropiado y utilizado por diversas corrientes políticas, lo que ha llevado a una marcada división cultural. Por un lado, se encuentran aquellos que abrazan con firmeza los principios del wokismo como un medio para corregir las injusticias históricas. Por otro lado, existen personas que ven al wokismo como una amenaza a la libertad de expresión y al pluralismo de ideas. Esta polarización cultural ha resultado en una creciente desconfianza entre ambos grupos, dificultando la búsqueda de puntos de encuentro para abordar los problemas sociales de manera efectiva.

Además, la cultura de la cancelación, relacionada con el wokismo, ha contribuido al aumento de la división cultural. El temor a ser cancelado o excluido por expresar opiniones divergentes ha llevado a un clima de desconfianza en el que las personas pueden autocensurarse y evitar discutir cuestiones controvertidas. Esta falta de confianza en el libre intercambio de ideas puede socavar el progreso social y el entendimiento mutuo, ya que se fomenta un ambiente en el que ciertas perspectivas no pueden expresarse libremente.

Otro ejemplo importante de desconfianza y división cultural se manifiesta en la creciente desconfianza entre diferentes grupos culturales o religiosos. A medida que el wokismo ha promovido debates sobre la diversidad y la inclusión, ha habido resistencia y temor a lo que se percibe como cambios culturales amenazantes. Esto ha llevado a un aumento en la desconfianza entre grupos que anteriormente coexistían de manera relativamente armoniosa. Por ejemplo, algunas personas pueden desconfiar de los esfuerzos por promover la diversidad religiosa o cultural en la sociedad, mientras que otros pueden ver esto como un avance necesario hacia una sociedad más inclusiva. La desconfianza mutua puede dificultar la colaboración y el entendimiento intercultural, lo que en última instancia obstaculiza la construcción de una sociedad más cohesionada.

La desconfianza y la división cultural también pueden manifestarse en el ámbito laboral y educativo. La percepción de que ciertas políticas o programas están sesgados ideológicamente puede crear desconfianza entre empleados, estudiantes y administradores. Esto puede hacer que sea más difícil promover un ambiente de trabajo o aprendizaje colaborativo y respetuoso, lo que a su vez perjudica la calidad de la educación y el entorno laboral.

Conclusión: El Impacto del Movimiento Woke y Neo Progresista en la Sociedad Contemporánea

A lo largo de este extenso análisis, hemos explorado detalladamente el impacto del movimiento woke y neo progresista en la sociedad actual. Si bien estos movimientos han surgido con la noble intención de abordar desigualdades, injusticias y promover la justicia social, también han generado una serie de desafíos y efectos negativos que merecen una evaluación crítica.

Es innegable que el movimiento woke y neo progresista ha destacado la importancia de la diversidad, la equidad y la inclusión en la sociedad. Han puesto de manifiesto cuestiones que durante mucho tiempo se pasaron por alto y han promovido un mayor reconocimiento de las desigualdades arraigadas. Sin embargo, también es esencial reconocer que estos movimientos han tenido un impacto más amplio en la sociedad que trasciende los aspectos positivos.

Uno de los puntos críticos a considerar es cómo el wokismo y el neo progresismo han llevado a una polarización creciente en la sociedad. En lugar de fomentar la unidad y el diálogo, han contribuido a la creación de "bandos" en conflicto. La polarización política, en particular, se ha intensificado, dificultando la colaboración y la búsqueda de soluciones equitativas.

La cultura de la "cancelación" es otro aspecto negativo que no puede pasarse por alto. El énfasis en la supresión de voces disidentes y la imposición de una única narrativa "correcta" ha generado una atmósfera de temor a expresar opiniones contrarias, socavando la libertad de expresión y el debate abierto.

Además, el wokismo ha propiciado la discriminación inversa, lo que plantea interrogantes sobre la equidad y la justicia. Las políticas de acción afirmativa y la identificación basada en la raza o el género han llevado a situaciones donde la meritocracia se ve amenazada y donde la discriminación se perpetúa de una forma diferente.

El declive del interés por el trabajo es un fenómeno que ha suscitado preocupaciones en la sociedad contemporánea. La priorización de la gratificación instantánea y la falta de valoración del esfuerzo y la dedicación a una carrera a largo plazo pueden tener un impacto negativo en la productividad y el crecimiento personal.

El etiquetamiento y generalización también han surgido como un efecto no deseado de estos movimientos. En lugar de reconocer la singularidad de cada individuo, a veces se promueve la categorización basada en características raciales, de género u orientación sexual, lo que puede conducir a una forma de discriminación sutil.

En resumen, el movimiento woke y neo progresista, aunque con intenciones nobles, ha generado impactos negativos en la sociedad contemporánea. La polarización, la cultura de la cancelación, la discriminación inversa y la disminución del interés por el trabajo son desafíos que deben abordarse de manera equilibrada. La promoción de la justicia social y la igualdad debe ir de la mano con el respeto a la libertad de expresión, la diversidad de opiniones y la promoción de un ambiente donde se valore el esfuerzo y la dedicación. La sociedad actual enfrenta un delicado equilibrio entre la búsqueda de la justicia y la preservación de los derechos individuales, y es imperativo abordar estos desafíos de manera reflexiva y crítica.